コロナ禍を生き抜く

タクシー業界サバイバル

栗田シメイ

Shimei Kurita

まえがき

新型コロナウイルス感染が日本列島を襲ってから、2度目の桜の季節を迎えた2021年3月中旬。東京都内の花見スポットに集うタクシー車両の動きは、例年より明らかに鈍かった。

代々木公園に新宿御苑、目黒川、日比谷公園。いずれも繁華街からもほど近い、都内でも有数の桜の開花スポットだ。毎年春になれば、花見客を目当てにタクシー車両が集中する。昨年よりは桜を楽しむ人の数は多いが、19時をめどに人影は消えていく。当然、毎日街を走るドライバー達がこの状況を把握していないはずはない。にもかかわらず、わずかな望みにかけるようにその場に留まる車両も目立つ。

「今は頑張っても意味がないから。それなら、こうやってダラダラやってるほうが精神衛生上いいの」

日比谷公園で拾ったタクシーのドライバーは、自嘲するかのように薄笑いを浮かべた。新宿御苑付近で手持ち無沙汰にしているドライバーに声をかけると、この道30年、新宿を拠点とするベテラン戦士だった。

「毎年、冬の寒さを越えた桜の時期が私にとって一番いい時期でね。多くの運ちゃんも、一年で最も今を好む。2019年までは忙しくて、桜の情緒を楽しむ余裕もなかった。休憩時間などにふと見ると『綺麗だな』としみじみしてね。それが、ここ2年はお客さんを乗せられないから、いくらでも桜を見る暇があるわけ。そうすると不思議なもんで、美しいと思わなくなっちゃってね。心が荒んだのか、情景を楽しむ余裕がなくなったのか。理由は自分でもわからない。明日の生活すら読めないわけだから、わかるわけないよね」

彼は遠い目を浮かべつつ、業界の未来を憂いた。

「なぜタクシー業界を書こうと思ったのか」

取材では業界に長く身を置く人ほど、筆者にこんな逆質問をしてきた。

この後に決まって「なぜこれだけ絶望的で、消えゆくだろう業界を取材するのか」という言葉が続くのだ。

彼らの言い分も決して大袈裟ではない。

新型コロナウイルスの影響が直撃したタクシー業界は、壊滅的な打撃を受けた。売り上げは各社とも、2019年からの昨対比で30~50％超の減少、身売りや従業員の強制解雇を強いられた企業も出てきている。

特に深刻だったのは乗務員達の収入だ。歩合給が基本の給与体系において、大幅な売り上げ減は彼らの生活を圧迫。都内ですら、一日3万円以下の水準に落ち込んだ時期もあった。月収が1桁台となった明細書を見せられたこともある。中には、売り上げのノルマに達せず、収入がマイナスになったケースもあった。明日への希望が見えぬ中も、閑散とした街をタクシーで走らせる心情は計り知れない。

本著は東洋経済オンラインの「流転タクシー」という名前の連載をベースに、大幅な書き下ろしを加えたものである。タクシーの概念が生まれてから約100年。長い歴史の中でも最大の危機と言われた2020～2021年の世相と絡めながら、極力リアルな声を拾うことを心がけた。

タクシー業界の取材を始めた理由はいくつかあるが、中でも特に、タクシー運転手と利用者の人間臭い群像を伝えたいという想いがあった。それは取材を重ねるたびに強くなった。振り返れば、筆者自身も新型コロナウイルスという未経験の厄災に、疲弊しきっていたのかもしれない。

週刊誌に嘱託記者として所属している筆者は職業柄、タクシーの世話になる機会は多い。新型コロナが本格的に流行する前までは、ネタを求めて週の3、4日は会食し、深夜にタクシーで帰宅するのがルーティンでもあった。

相手は政治家や秘書、新聞やテレビの記者、スポーツ選手に芸能関係者。また事件屋や、素性が怪しいチンピラから暴力団関係者まで、バラエティに富んでいる。

そんな海千山千の人物達を相手に収穫なしで帰ることも珍しくない。というより、大半が空振りに終わり、その徒労感たるや筆舌に尽くし難い。

すり減らした神経の回復に努めながら、アルコールで麻痺した脳内を整理する。家路につくまでのタクシー車中でのやり取りというのは、仕事から開放されてほっと一息つけるひと時でもあった。

土地勘のない地方に出張に行った際は、タクシーは心強いナビゲーターになる。大都市と比べて選択肢が少ないゆえ、手頃な飯屋や呑み屋を聞くと、まず外れはない。時には、探していた関係者を探し当てるために知人を当たってくれた慈悲深い人物もいた。ドライバーによる当たり外れも大きいが、車中での会話は、訪れた土地を色づけていった。

一般社団法人全国ハイヤー・タクシー連合会が発表する調査では、2015年に全国34万人いたタクシー乗務員の数は、2020年には28万人と激減している。75歳が目処とされる均年齢は60・1歳と超高齢化を迎えている（2018年時点）。タクシー運転手の平定年を考慮すれば、2025年にはその数が24万人ほどになるという予測もある。

この傾向は地方に行くほど顕著になる。去年にはドライバー不足とコロナの二重苦により、たたき売り価格で会社を売却する例も散見された。ドライバーのなり手を確保することは、存続のための至上命題と化した。

そんなタクシー会社を〝延命〟させていたのが、東京五輪開催という一縷の希望や、インバウンド需要増に伴う、2017～2019年末まで続いたタクシーバブルだ。結果的に、大都市圏の多くの企業を潤わせた期間が、新型コロナ直撃の傷口を広めた側面もある。

本音を言えば、取材対象として捉え始める前は、一部のタクシードライバーに持つイメージは最悪に近いものだった。

やる気が感じられない応答、道の間違えや、車内に充満する独特の匂い。8割以上のドライバーは真摯に対応してくれるが、運転手が客を選んだというバブル期を引きずったような傲慢な高齢ドライバーには、不快な思いをしてきたことも少なくない。不思議なもので、8割の通常よりも、2割のひどい体験のほうがタクシーのイメージとして脳裏に残っていた。

そんな固定観念が一変したのは、あるドライバーとの出会いが大きい。

2020年2月に人形町から乗った車の運転手、海野さん（仮名）は筆者のタクシーへの印象を変えた。法人で10年、個人タクシーとなり8年が経つベテランでもあり、70歳を迎えても精力的に働くドライバーだった。何時であろうと電話で居場所を伝えると、毎回ほぼ時間通りに店に横付けして出迎えてくれた。

この仕事に就く前は、20年以上勤続した建築会社で耐震補強工事を担当していた。バブルの恩恵を受け、仕事は引く手あまた。給料も手取りで40万円を超えていたという。だが阪神大震災を境に、仕事が激減。ある日上司から、「仕事がないから給料は払えないが我慢してほしい」と伝えられた。仕事は好きだったが、30年以上残るマンションローンの支払いが頭をよぎり、やむなく退職した。職を転々とした後に、東京でタクシードライバーへと流れ着いた。

出身地は茨城県日立市。2017年10月、日立市の県営住宅で家族六人が殺害されるという凄惨な事件が起きた。その現場からほど近い場所で海野さんは生まれ育っている。

筆者が記者として現場を訪れていたことを伝えると会話が弾み、故郷の話に花を咲かせた。取材自体が難航したという話をすると、「閉鎖的な場所ですから」と嘆息した。

「故郷を出たのは、人との距離感やしがらみに疲弊しちゃったから。誰々がどこに勤めている、息子さんがどこの学校に行った、とかね。そういう見栄みたいなものが、すごくくだらなく思えてね。海が綺麗ないい街で、人もいい。でも、今は一年に一度親父の墓参りで帰るくらいだな。それくらいで十分なの。もうね、友人もほとんどいなくなっちゃったし、私の中では故郷は捨てたという感覚なんです」

何気なく交わした会話ではあったが、深夜に聞く身の上話がひどく心に染みた。数多の乗客との間で培ってきたのであろう、聞き心地のいい話術も印象的だった。

以降、タクシー利用の際はできるだけ海野さんに連絡して送迎を頼んだ。

「ヤクザの逃走に利用された」

「車中で性行為に及ぼうとしたカップルを制止したら、某有名人だった」

一乗車につき、一つ用意されたストーリーの数々は、機知に富んでいた。いつしか、海野さんと過ごすほんの数十分の時間は、私の中でささやかな楽しみとなっていた。

連載を始めて一年が経ったが、地方を含めるとこれまで100人を超えるドライバー、20人以上の経営者にも話を聞いてきた。タクシーの乗車回数も優に百回を超える。乗務員として乗るほうが深く業界を理解できる、との声も頂いたが、結果的には乗客の立場から見つめ続けたことはよかったとも感じている。失礼を承知で言えば、コロナ禍の世相に対しての怒りを内包し、もがきながらも懸命に生きる姿に惹きつけられた。

ドライバー達はＩＴ業界のようなスマートさもなければ、ユーチューバーなど動画配信者のようにキャッチーな言葉を紡ぎ出すこともない。芸能界のような華やかな世界とも無縁だ。

しかし、その反面、発せられる言葉の重みという意味では、すんなりと得心できた。拗ね者と言われればそれまでだが、どんな取材の現場よりも、彼らの言葉は血が通っており、リアルに感じられた。

二度目の緊急事態宣言が出た後、海野さんから相談を受けた。

それは、タクシードライバーを辞めて、頑なに拒んでいた故郷へ帰るかどうか迷っているというものだった。

日に日に落ちていく一日の水揚げ（売り上げ）はついに3万円を切り、緊急事態宣言下ではほぼ乗務を全休していた。それでも国は助けてくれない。こんな状態でタクシードライバーを続ける意味はあるのか、と何度も繰り返し訴えていた。

「茨城県は個人タクシーがない場所でね。地元でドライバーをする友人によれば、フルで働いても15万円を切るらしい。今更そんな金額で会社勤めをする体力もない。国は私達に死ね、と言っているようなもんですよ。カネは全然ないし、生活は不安です。だけど、今の状況が続く中で、東京でタクシーを続けるほうがよりツラい選択に思えたから……」

これは、海野さんに限らず、コロナ禍を生きるタクシードライバー全員に共通する悲鳴にも聞こえる。

旧知の自民党議員は、タクシー業界の未来についてこんな表現を用いていた。

「世界の先進国をみれば、タクシードライバーとして自国の人間が働く割合は圧倒的に少ない。日本が異常ともいえる状況で、絶対数も多い。それだけに多くの利権が生まれ、ライドシェア（相乗り）の解禁といった自由化の動きも遅く、メスが入らなければガラパコス化していく。給付金の支払いを求める声があったが、現実的に全国30万人への支払いは困難だろう。政治の力で守るべき業界なのか、という疑念もある。何より今の日本にはタクシーの台数が多すぎる」

多くのタクシー会社は、稼働台数を減らし、雇用調整助成金で何とかやりくりしていた。大手社ですら10億単位の赤字を垂れ流している。段階的に施行されるであろう助成金が減った後、アフターコロナへの対応にも危機感も募らせていた。街に活気が戻ることがなければ、劇的な回復は望めないだろう。それでも、ドライバーにとっては走る以外の選択肢はない。

本書に登場する経営者やドライバーが言うように、タクシーは今後衰退していく産業であるということは真理かもしれない。それは見方を変えれば、100年の歴史の中で抜本的な構造改革が行われてこなかったことの代償でもある。

奇しくも新型コロナウイルスという未曽有の危機により、旧態依然とした業界が転換期を迎えた。数々の証言から、激動の最中にあるタクシー業界の〝リアル〟を、紐解いていきたい。

海野さんは、ついに故郷に戻るという苦肉の決断をした。日立市に戻ってからは、もうタクシーの仕事に従事するつもりはないという。

新型コロナウイルス感染症の影響による営業収入の変化
（全国ハイヤー・タクシー連合会連緊急サンプル調査）

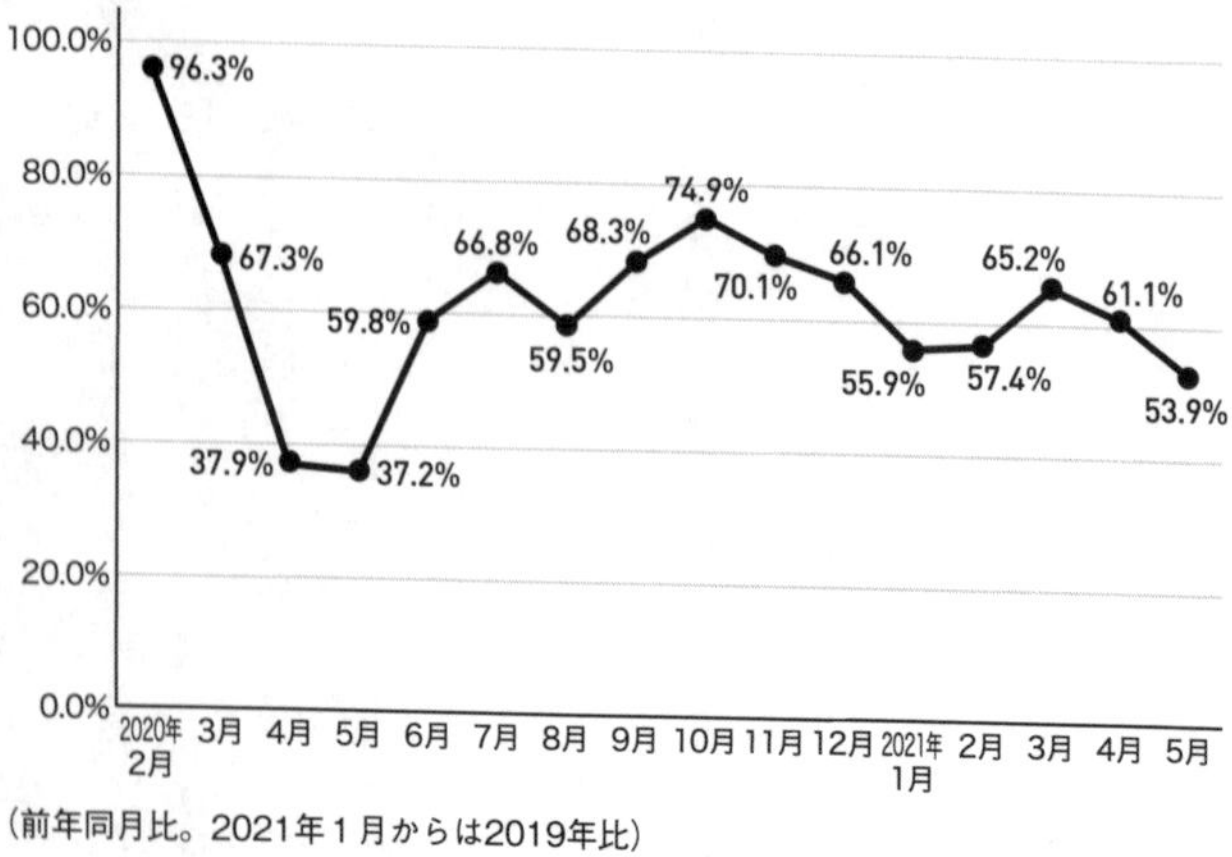

（前年同月比。2021年１月からは2019年比）

目次

（本書の内容は、著者による東洋経済オンライン連載「世相をリアルに映し出す　流転タクシー」をもとに加筆したものです）

第一章

緊急時事態宣言と東京のタクシー

壊滅的な打撃を受けた都内のタクシー

新宿・靖国通りに面する東西に分けれたタクシー乗り場。ここはドライバーにとって、都内随一の激戦区として知られている。

週末にもなれば、終電を逃した乗客を狙い、ドライバーが長蛇の列をなす。時には我先にと、強引に割り込む形で乗客を拾う姿も散見される。以前は、タクシー同士のトラブルも少なくなかったともいう。

それでも、世界一のターミナル駅とも言われる新宿駅周辺には自ずと車両が集まってくる。ドライバー達の戦地であり、狩場でもあるからだ。

そんな様相が変化したのが、２０２０年3月に入ってからだ。同年2月に全国の小中高校へ臨時休校が要請され、北海道では先立って緊急事態宣言が発令された。高校野球の選抜大会の開催が断念され、３月26日には小池百合子都知事が週末の不要不急の外出を自粛するよう要請している。

30日には、東京都に夜間の外出自粛要請が行われている。論調は分かれたが、そのエクスキューズの矛先は、新宿を中心とした繁華街に向けられた。小池知事は、「当面の間、若者はカラオケやライブハウス、中高年の方はバーやナイトクラブなど接待を伴う飲食店の自粛をお願いしたい」と述べている。

この時期から、メディアの間では「夜の街」という表現で、繁華街をクローズアップする機会が増えた。その筆頭格が、東洋最大の歓楽街とされる歌舞伎町だった。

連日、テレビカメラは歌舞伎町を歩く人々を捉え、「なぜ若者は」という一本調子な報道がお茶の間に流れた。ホストクラブでクラスターが発覚した際は、まるで犯罪者であるかのように取り扱われた。

歌舞伎町の活気は日に日に失われ、〝眠らない街〟は閑散としつつあった。

タクシーの売り上げは、人の動きとの相関性が高いとされている。時短営業で多くの飲食店が深夜帯の営業を自粛している影響は、都内のドライバー達を直撃した。

3月中旬の週末、深夜1時と夜はまだ浅く、本来なら最も稼ぎ時の時間にも当たる。通常なら流しのタクシーを停めるのも一苦労だ。だが、靖国通りでは、数多のタクシー車両が持ち場から動かず停車している。白い車体の個人タクシーに乗り込むと、初老のドライバーは開口一番にこう明かした。

「お客様でやっと二人目です。30年の長いドライバー人生で、こんなことは初めてですよ。

リーマンショックも、東日本大震災の後も厳しかった。ただ、しばらくして乗客は戻ってきました。ここまで先が見えない状況は、経験したことがありません。いつまで続くのか、という不安が消えない」

2019年10月の消費税増税の影響で乗客数は微減。増税の影響か、稼ぎ時である年末の利用客も例年より少なかったと、このドライバーは回顧する。そして、年が明けてからの新型コロナウイルス蔓延が決定打となったという。

3月には新宿の他に、赤坂見附、銀座、四谷、麻布十番、六本木などでタクシーを利用した。いずれの場所も壊滅的な状況といえた。特に銀座のダメージは深刻だった。

タクシーチケットの恩恵を受ける大手社で働く40代ドライバーに聞くと、「売り上げは半分以下に落ち込んだ」と嘆く。しかし、まだまだこの時期の悲壮感は、序章に過ぎなかった。

追い打ちをかけたのが、2020年4月7日に発令された一度目の緊急事態宣言だった。感染者は一向に減少の兆しを見せず、感染者数と比例するかのようにドライバーの生活は貧窮していく。

緊急事態宣言後、閑散とした新宿・歌舞伎町

全国でタクシードライバーの新型コロナ感染が相次いだことも、世間の印象を悪くした。本心では、感染リスクが高い中での仕事は誰もが行いたくない。されど、国土交通省の管轄であり、公共交通機関であるがゆえ、一定の稼働台数を出すことが求められた。

比較的若い層の30〜50代のドライバーが優先的にシフトに入り、60代後半〜70代以上の高齢ドライバーは勤務から外されるケースが目立った。だが、働き盛りの世代から疲弊していき、結果、離職という選択を行うことも珍しくなかった。

当時は、まだコロナに対しての認識にも個人差があった時期でもある。先出の銀座のドライバーはこんなことも話していた。

「マスクをつけていない乗客も目立ちますよ。こちらからすれば、『マスクをつけてください』とはなかなか言えないんです。タクシーセンターにクレームをつけられたらお手上げですから。『さらにタクシー＝不特定多数との接触が予測される』という理由で、難癖をつけられたこともあります。本当はこちらのほうが怖いし、仕事柄、家族にも煙たがられる始末で、弱音を吐きたいくらいですよ。東京でも有数の客層がいいエリアである銀座ですらこれですから、他はもっとツラい思いをしていると思います」

緊急事態宣言下では、各社通常の台数の35％減程度の稼働に留まっていた。これは台数を制限することで、乗客減に対して、少しでもドライバーの売り上げを伸ばすということを意図してのものだった。だが3月から5月は軒並み厳しい数字が続くことになる。

先述してきたように、未曽有の危機に襲われたタクシー業界。その数字面での推移を、時系列をもとに少し整理してみたい。

全国ハイヤー・タクシー連合会が発表した緊急のサンプル調査では、２０２０年月時点では前年比売り上げ88・７％。３月には67・７％と急落している。４月は33・９％、５月は35・１％と、驚くことに一気に３分の１程度まで急落するという落ち込み幅をみせた。

６月に入っても47・１％と5割を切り、７月からの３か月間も5割台で推移した。風向きが少しずつ変わり始めたのが、秋口に差し掛かってからだ。

10月、11月にようやく7割程度の水準に戻っているが、12月に入り感染者の急増とともに、再び下落傾向に入っている。そして、12月後半に入ってからは急激な感染拡大が起きた。本来書き入れ時である年末年始は、惨憺たる状況に終わっている。年が明けて1月、2月になっても状況は好転しなかった。

この数字は、あくまでサンプル調査によるものだが、筆者の感覚的にはかなり実数に近いものがある。

前年比65%の売り上げ減

業界2位の売り上げを誇り、「km」の愛称で知られる国際自動車。西川洋志社長は、筆者のインタビューにこのように答えている。

「グループ全体で苦しい一年だったことは間違いない。一番厳しかったのが、4、5月。緊急事態宣言下では、通常の半分くらいしか稼働させなかったこともあり、前年比の30%程度まで売り上げが落ちました。そこから少しずつ上がってきて6月くらいから回復傾向に転じてきた。8月には夏休みが入ったため経済活動が鈍って少し落ち込んだけど、9、10、11月は去年の水準に近いところまで戻りました。ただ11月後半からまた落ち始め、それ以降また厳しい状況が続いている」

業界最大手・日本交通会長の川鍋一朗は、2020年7月時点での日経ビジネスの取材にこう答えている。

「4月の月次決算の数字を見たとき、(あまりの数字の悪さに)卒倒するかと思いました。予想はしていましたが、それ以上でした。緊急事態宣言以降、人の動きがパタリと止まった。4月は前年比35%。つまり65%のダウンです。1か月で2桁億円のマイナス。タクシー・ハイヤー部門が単月赤字になったのはおよそ20年ぶり。当社の２０１９年5月期の売上高は６８７億円。３年連続で過去最高益を更新していましたから、昨年の今頃はこんな日が来るとは思いもしませんでした」（「日経ビジネス」２０２０年7月３日配信記事より）

業界を牽引する2社の代表の言葉が物語るように、東京全域が過去に類を見ない収益減に直面したのだ。

東京のタクシー業界においては、「大日本帝国（大和自動車交通、日本交通、帝都自動車交通、国際自動車）」と呼ばれる大手４社が圧倒的なシェアを占めている。

東京交通新聞によれば、４社の合計台数は計１万１８８６台を占め、法人での割合は全体の約43・２％に当たる。そのうち日本交通が17・２％、国際自動車が14・３％と、実質2社のみで全体の３割近い数字になる（２０２０年時点）。

近年ではドライバーの人材不足により稼働率が減り、売り上げ減少に悩まされる社が多かった。経営基盤が厳しくなったことで、大手４社に合併されるというケースが目立つ。

コロナの影響でさらに身売りを行う事業者が増え、関東近郊ではよりシェアが拡大されるとの見方も強い。

次いで準大手とされる、日の丸交通、東都自動車、グリーンキャブ。この3社のシェアは合わせて業界全体の約14％程度となる。ここに全国展開する第一交通グループ、飛鳥交通グループに小田急グループなどを加えた10社程度が都内での台数、売り上げともに上位に数えられることが多い。

単純なシェア数だけではなく、無線配車の強さや認知度などを含めても、大手4社は一歩抜きん出た存在でもある。

ドライバー目線で言うなら、大手社に所属する恩恵は小さくない。提携する企業や団体、タクシーチケットの保有率でも圧倒的なシェアを誇り、マスコミ各社やビルの提携数も多い。そして、これらの利用客は単純に一乗車当たりの単価が高い。つまり大手社に属することは、効率良く〝良客〟に当たる確率を高めているともいえる。

「東京の流しの平均が1500円前後、駅などの乗り場が2200円程度、無線が4000円、チケットが6500円程度と言われています。無線、チケット利用はドライバーにとって単価が高く、乗車効率も高い。大手社が持つこれらの武器は、昔から続く伝統ともいえます」（都内のタクシー会社幹部）

一乗務当たりの単純な売り上げでみると、大手とそれ以外では平均で約1万円前後差がつくという声も聞く。特に無線とチケットの有無の差は、年間でみると埋めがたい金額として現れる。

日本交通会長の川鍋一朗は、著書『タクシー王子、東京を往く』（文藝春秋刊）の中で、こう述べている。

「日本交通のタクシー運転手の平均年収は521万円。東京のタクシー運転手の平均448万円より一割以上高い。（中略）経験のまったくない状態からはじめて、一ヶ月目から、これだけ稼げるサービス業はあまりないだろう」（編注・数字は2008年時のもの）

出勤すればするほど損をするカラクリ

だが、そんな大手各社に所属するドライバーですら売り上げの激減に苦悩している。

某大手会社に所属する安田さん（仮名・50代）は、2019年までは月収50万円前後の収入を得ていた。年収は600万を超えることからも、東京の中でも〝売れる〟ドライバーに属しているともいえるだろう。そんな安田さんに給与明細を見せられ、筆者は驚愕した。最初の緊急事態宣言直前である2020年3月の手取り月収は8万円台で、実に5分の1以下に落ち込んでいたのだ。

「千葉の船橋に住んでいますが、家賃が6万円。各種保険に食費を加えると、月の持ち出しは15万円前後。今どき8万円なんか冗談みたいな金額はバイトでもないでしょう。私の年齢でも業界内では若いほうで、会社もなかなか辞めさせてくれません。転職も考えましたが、このご時世でいい就職先なんかない。私は比較的恵まれていて、無線なども多くとれた。それでも、3万円を切る日も珍しくなかった。普通はこんな状態が続くとやる気を保つことなんかできません。稼ぐことを諦めて、適当に営業しているドライバーなんかは、都の最低時給のみという人もいました」

タクシー業界の勤務体系は、「昼日勤」「夜日

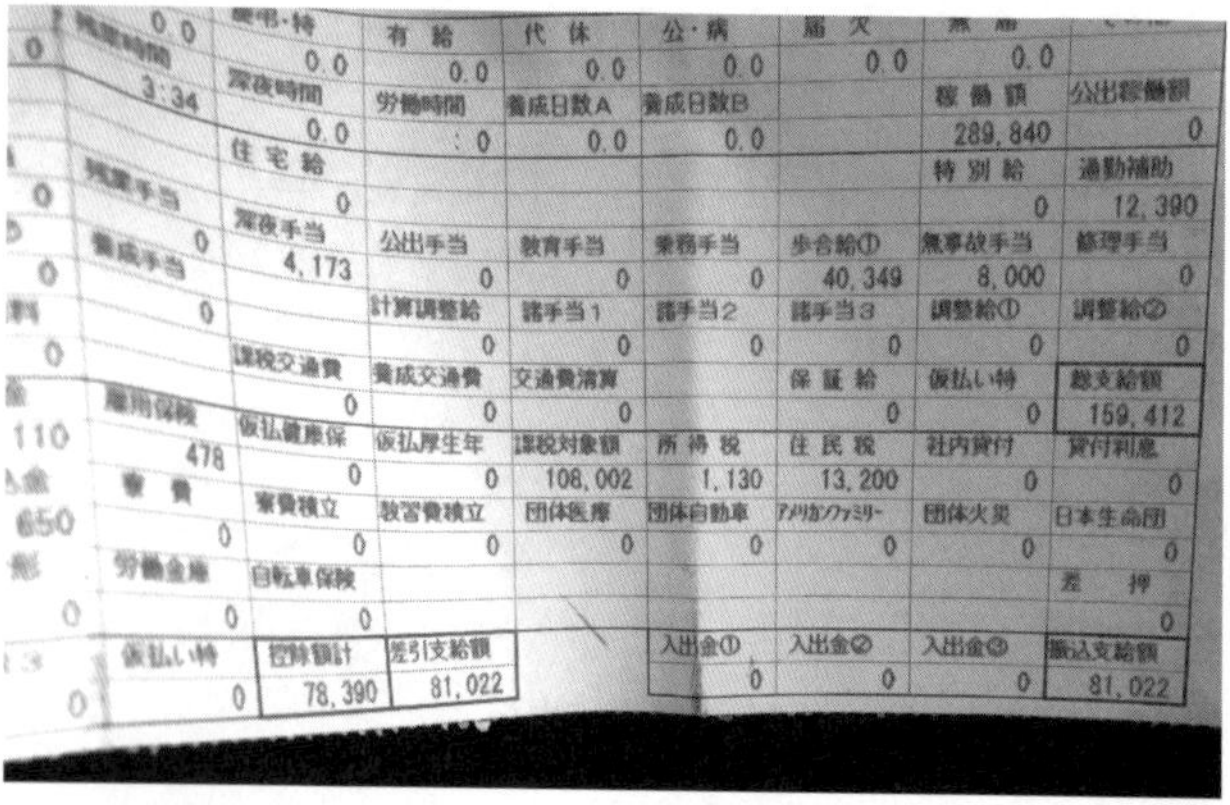

激減した給与明細。手取り約50万円から一気に8万円台に落ちた

勤」「隔日勤務」の大きく3つに分類される。朝から夕方まで一日約8時間勤務を、月22日前後行う昼日勤。これは主に高齢者や女性ドライバーから支持を集めるシステムでもある。夜日勤は、時間が昼と入れ替わりとなり、深夜帯まで働くというものだ。割増料金などが加算され、長距離利用も多いことから、体力的には厳しいが稼ぐドライバーはこの時間帯を好む。そして、主流の勤務形態といえるのが、一日約20時間働き、2日分の勤務をこなす隔日勤務だ。1か月で約11～13勤務に設定する社が多く、翌日は必ず休みとなる。いずれも1か月で262時間の拘束時間を限度とすることが厚生労働省から求められている。社によって時間や勤務体系は細かく異なるが、おおよそはこの3つのいずれかに該当する。

ドライバーの給料は、基本的に歩合制だ。固定給に歩合、賞与制度を導入している会社もあるが、割合はそう多くない。完全歩合の他、近年で最も多く採用されているものはこの2つを組み合わせ、賞与として還元するスタイルだ。多少の誤差はあるが、取り分としては売り上げ分の55～65％程度が一般的だろう。

例えば1か月で100万円を売り上げると、完全歩合の場合だと約55万～60万円に各種諸経費などが引かれたものが手取り額となる。社や都道府県によって制度や経費の負担額や雇用形態によっても異なるので、あくまで参考程度に考えてほしい。

後述するが、歩合の割合が少ないところは無線配車などが強く、多い社は無線が弱いなど特徴もある。いずれにしろ売り上げは、ドライバーの腕にかなりの部分を左右されるといえるだろう。

だが、これは最低の足切り金額を超えた場合の話だ。グレーな領域となるが、東京では最低ノルマ約3万〜3万5000円以上を超え、はじめて歩合が発生するという社も残っている。

都内では、真面目に業務に当たれば、最低でも4万5000円程度は稼げる土壌があるとみられているからだ。歩合足切りの制度に関しては、ある意味では怠けがちなドライバーへの監視的な役割も果たす。しかし、コロナ禍ではこの足切りにも満たないドライバーが続出したのだ。真摯に勤務していた安田さんですら、その中の一人に該当している。また、コロナが生み出した業界の制度にも苦しめられた。

「70代以上の高齢ドライバーは、シフトで基本的には全休。そのしわ寄せは、私達のような40〜50代にきました。休業補償があるので、私の場合は働かなくても30万円程度は保証されるわけなんです。しかし、勤務すれば売り上げは一日3万円を切る。これは歩合給の最低基準を下回る金額です。つまり、出勤をすればするというあべこべなカラクリなんですよ。全体的な出勤日数は減り、生活は苦しくなる一方でした。仕方ないとは頭では理解していても、心の底から納得することはできませんでした」

安田さんは月12日の隔勤（隔日勤務）が基本だが、我慢できなくなった人の中には「昼勤にしてほしい」と勤務体系の変更を懇願する先輩もいたという。一般的に稼げるとされる夜勤は壊滅的で、人が動くのは朝～夕方くらいまで。昼夜の売り上げの逆転現象が起きていた。

「普段やらない人のほうが結果的には実入りがよく、頑張る人ほど報われない。守るべき働き盛りのドライバーにこの仕打ちですから、退職者が出るのも仕方ない流れでしょう」

企業幹部と高齢者からの需要に救われる

新型コロナウイルスの影響は、主な利用客であるサラリーマン達の働き方にも影響を及ぼしている。政府からの要請によりテレワークを採用する企業が増え、同様に出勤日を減らすことを推奨されたからだ。特に2020年3～5月頃の間は通勤でのタクシー利用の数が激増したという声が多く、中には月100本以上送迎が増えたという社もあった。

　高齢者の生活スタイルにも変化が生じている。人との接触を極端に減らすため、バスや電車の利用を避ける人も出てきた。特に一人で生活する高齢者の病院への通院、日用品の買い物などでタクシー利用が増加したのも、緊急事態宣言を境にしてからだ。

　この傾向は郊外でより顕著化した。ベッドタウンとして知られる武蔵野市・三鷹駅で付け待ちしていたドライバーはこう話した。

「タクシードライバーにとって一番ありがたい客層が、大きな企業の部長さんや課長さんクラス。一般的にハイヤーを使えるのは役員から。それがコロナでハイヤーの代わりにタクシーで通勤する、部・課長クラスの人が増えました。駅付近で無線待ちをして、朝は万収（1万円）に近い売り上げが拾えましたよ。その傾向は2020年6月くらいまでは続きました。あとは高齢者の方の通院や買い物での利用もかなり増えましたね。この辺りは金銭的に余裕がある一人暮らしのお年寄りも多いエリアです。駅での付け待ちは一日中ゼロということもありましたが、無線配車が救いとなりました。特にありがたかったのが、買い物での利用です。短時間ですが、買い物が終わるまで外で待ってということが多かった。ちゃんと接客をしていれば次の機会でもまた呼んでもらえるわけです。近所使いだからそんなに大きい金額にはならないけど、コロナ禍では本当に助かった。それも人の流れが落ち着く14時以降は無線もぱたっと止まっちゃうわけですが」

中央線沿線に家を保有する、郊外ならではの富裕層が多いのもエリアの特徴だと、先出のドライバーは続ける。

「荻窪～国分寺辺りまでは、家庭を持つ、年収1000万円前後の30～40代のサラリーマンが比較的多いエリアなんです。丸の内や大手町までの送迎が多いかな。あとは霞が関辺りの役人や、官僚なんかもいる。コロナでも出勤しないといけないんですか？　と聞くと『若手はテレワークもあるけど、管理職は出ないといけない。コロナにかかるリスクを少しでも減らすために、タクシーを利用している』と話していたのが印象的でした」

二度目の緊急事態宣言にへし折られた希望

2020年秋に差し掛かる頃には、4万円台後半までは売り上げが回復したという声が増えてきた。この時期は昨対比で7割程度までは戻ってきたという企業が多い。売り上げ減の中で利益を残すための構造改革を行い、実践に移し、ようやく手応えを感じ始めたという経営者もいた。

ところが、12月に入りコロナの感染者が連日1000人超えと、増加の一途を辿ったことで再び事態は悪化していく。

四谷で拾った、帝都交通で勤務するドライバーが言う。

「9、10、11月とやっと食べられる水準まで戻ってきたのに、12月に入って一気に客が引いていった。前半はまだ400人台でまだ人も動いたけど、さすがに600人を超えはじめてからは、ぱたっと止まっちゃったから。2019年までは忘年会の需要もあり人も流れた。それでもこのご時世に大人数での会食はないわけで。飲食店や飲み屋が動かないことには、タクシーは儲からない。みんな生活が苦しいわけで、タクシーという贅沢費は削られる。誰が悪いわけではないけど、恨み節でも吐き出したくなるよ。政治には期待できないから、根本的な解決は望めないわけだけど」

筆者は12月上旬に、ある大手タクシー会社の営業所を訪れた。ホワイトボードに張り出されていたドライバー毎の前日売り上げ一覧を見ると、図ったかのように4万円台前半で並んでいた。

「12月だと通常は平均で6万5000円前後は上がってくる。やはり寂しい数字です。でも、春に比べるとこれでもだいぶマシになったほうですよ」

と言って、応対した所員は複雑な表情を浮かべた。そんな安堵もつかの間、12月後半からの感染者の増加に伴い、さらに売り上げは低迷していく。

年が明け2021年になっても好転の兆しは見えなかった。感染者の増加はとどまることを知らず、大半のタクシーの売り上げは再び3万円台に突入した。

1月7日、首都圏1都3県（東京都、神奈川県、千葉県、埼玉県）に対して再び緊急事態宣言が発令された。二度目の緊急事態宣言は、都内のドライバー達の心を折るには十分すぎる威力があった。

やるだけ無駄と言わんばかりに、駅前やタクシー乗り場には長蛇の列が並ぶ。新橋や有楽町といったオフィス街からほど近い場所ですら、同じ場所から一向に動くことなく、日中は数時間停車することも珍しくなかった。

飲食店や商業施設が閉まる20時以降は、人の足は一斉に引いていく。空車マークのまま顧客を求めてさまようタクシーで溢れた。誇張ではなく、走っている車の大半がタクシーで占められていたのだ。

池袋や渋谷、品川、上野などターミナル駅にあたる場所も日中の人通りは多いながら、タクシーの利用者は少ない。むしろこれらの人が多いエリアにタクシーが集中することで、ドライバーにとっては死地となりつつあった。

日暮里や駒込、巣鴨といった山手線沿線でも同様で、「12月以降は希望が持てない」と悲痛な声を上げる。古くからこの街に住む高齢者層も今回の緊急事態宣言では、「明らかに外出が減っている」（巣鴨のドライバー）というのだ。

そんな状況で深夜の売り上げが見込めないドライバーがとった行動は共通していた。20時以降に開いている店を徹底的に探し、その近隣で付け待ちをしたのだ。シンプルではあるが、思いのほか効果はあった。

エリアにもよるが、都からの自粛要請に従わず営業を続ける店舗は複数あった。新宿や六本木のキャバクラに新橋の居酒屋やガールズバーなど。銀座では数店舗のクラブや、予約のみで営業を続けているクラブなどが点在していた。

ドライバー歴20年以上の高橋さん（仮名・50代）は、この時期は狙いを絞って営業をしたと振り返る。

「普通に走っていてもどうにもならないから、何人かのドライバーで協力してリストを作ったわけ。六本木と歌舞伎町では20時以降も営業を続けているキャバクラや飲み屋が、ごくわずかだけど存在していた。そのほんのわずかな牌《パイ》を争って、ドライバーがごった返していた。新橋も20時以降も開いている飲食店の数がけっこう多くて、やっているお店は例外なく混んでいます。週末になると店に入れなくて並んでいる人もいたくらいだった。女性が横につく飲み屋も深夜まで営業しているところが多くて、都内だとまだやりやすいエリアでした」

1月28日には、自民党の国会議員である松本純の他、大塚高司、田野瀬太道議員の「銀座会食」が「週刊新潮」（２０２１年2月4日号）で報じられ、離党に追い込まれた。同週には公明党の遠山清彦議員の銀座ラウンジ通いが「週刊文春」で報じられている。以降も政治家のラウンジ通い、厚労省職員の大人数での送迎会などが明らかになり、国民の怒りの矛先は彼らに向いた。

先出の高橋さんは、同時期に銀座を〝縄張り〟とし、人の動きを見てきた。このとき、複数の永田町の住人を乗せたというが、不思議と怒りの感情は湧いてこなかったという。

「政治家御用達の高級ラウンジが3件。その他のクラブも含めると、少なくとも10件は20時以降もやってましたよ。こっちはそこに狙いを絞ってるわけだから、バッジをつけた議員センセイを乗せたこともあります。表面化したのは一部ですが、仲間の話を聞いても、あの時期は野党も含めて多くの議員さんが銀座で飲んでいましたよ。ある議員さんを乗せたときに、『景気はどうですか。僕らがお金を使わないと』と話していたんです。飲むための方便かもしれませんが、私も弱っていたのか、その通りだな、と思ってしまって。結局、不平不満ばかり言ってお金を使わない人よりも、私達にとってはお金を使ってくれる人のほうがいいわけなんですよ。もっとも基本的には赤坂の議員宿舎に帰るから、金額的にはいいお客さんじゃないんだけどね（笑）」

日中は夜に比べてまだ人が動くとされていたが、厳しい状況に変わりはなかった。ホテルで付け待ち狙いに絞って営業していたドライバーはこう話す。

「1月8日以降は2万円台を切る日も出てきましたね。つい先日、都内の帝国ホテルで4時間付け待ちしましたが、同じようなドライバーが何人かいて、結局、私は乗せることができませんでした。他の高級ホテルに場所を移しても、同じでした。当然ですが、普段ならそんなやり方はしません。今は、少しの売り上げにすがりたい。本当に何をやってもお手上げ状態なんです」

休業支援を受けた後の未来が見えない

そんな中でも一度目の緊急事態宣言当時より、二度目のほうが売り上げは微増している。都内の準大手のタクシー会社幹部が分析する。

「一度目は各社、緊急時のノウハウがなく稼働台数も含めて手探りな面があった。それが二度目の場合は、ある程度耐性ができて対応策が練れた。何より、街を出歩いている人の数が多かったのが最大の違いです。自粛に我慢できなくなった人達の出入りは明らかに増えていたので。飲食店や飲み屋が開いていたことも売り上げに関係した。相対的には前回の緊急事態宣言時の売り上げより、3割程度は増えている」

1月は困難な状況は続いたが、2、3月は前回時よりも明らかに人出が増えていた。結果的にタクシーの売り上げ減も、多少は抑えられた面がある。国際自動車の広報担当者が言う。

「2月、3月の売り上げは前回の宣言時ほど悪くはありませんでした。人出をそれほど制限していなかったため、ダメージが少なかったという見方をしています」

複数の会社の話を総合すると、一度目の売り上げが平均で3万円前後だとすれば、二度目は平均4万円前後というところだろうか。緊急事態宣言が全面解除されて以降は、5万円、6万円台という売り上げも聞こえてくるようになった。次項以降で明記するが、コロナ禍での営業方法をドライバー達が学び、手法を変えていったことが影響しているのかもしれない。

それでも大多数は大幅な売り上げ減から抜け出せず、現在進行形で苦しみ続けている。構造的な問題は何も解決されていないのだ。一向に出口の見えないトンネルの最中にいるタクシードライバー達は、神経をすり減らしながら業務に当たる日々が続く——。

「東京のタクシーの台数は多すぎる。牌が圧倒的に小さい中で、台数を減らさないと共喰い状態になる。ただでさえ少ない水揚げ（売り上げ）が、一層少なくなるわけだから」

この一年を通して、多くの業界関係者がこう漏らした。これは以前から度々指摘されてきたことでもある。コロナにかかわらず、東京のタクシー車両は需要に対して、供給過多の状態が続いている。世界の大都市の台数と比較すればその傾向は鮮明になる。

841万人強が居住するニューヨークでは、「イエローキャブ」の愛称で知られるタクシーは約1万3600台。898万人が生活するロンドンを走り、世界一ハードルが高いと言われる「ブラックキャブ」がおよそ2万台（いずれもUberは除く）。これに対して、1396万人の東京は約4万7000台と、相対的にタクシーの台数が多い都市でもある（人口はいずれも2019年の統計）。

もともと人口に対して多かったとされる台数問題は、コロナ禍でより顕在化された。未曾有のパンデミックに対し、本来であれば全休したいというのが経営者達の本音でもある。国からの休業補償、雇用調整助成金を当てにして、全休——。これが考えうる限り、最も効率的な方法でもあった。それでも国や行政、各地域からの要請で稼働台数が決められた中で、飲食店のように休業を選択できないジレンマもあった。

関東運輸局のHPによると、タクシー事業における支援メニューとして、以下の2つが挙げられる。

一人一日当たり1万5000円を上限、年間100日を限度日数とした雇用調整助成金（非正規雇用も対象）。もう一つは、新型コロナウイルス感染症対応休業支援金だ。事業主の命により休業させられ、賃金（休業手当）を受けられない中小企業の労働者に対し、業者の代わりに休業前賃金の80％を支給（日額上限1万1000円）するというものだ。これらの救済措置により、多くのタクシー会社は倒産の危機を免れたといえるだろう。

関東管内での法人タクシーの廃止は15社（国土交通省調べ。2020年12月15日時点）

に留まっている。雇用調整助成金と休業支援金がなければ、8割近いタクシー会社は休廃業に追い込まれていたという専門家の意見もあった。もっとも、「給付金がなくなった後の未来が見えない」という声が大半を占めるのも現実でもある。アフターコロナへ向けては、先行きが見えない不安が何よりも勝る。

厚生労働省が2020年末に発表したプレスリリースには、タクシー業界の経営状況について、以下のような文言が綴られている。

「バス・タクシーは、いわゆるエッセンシャルサービスとして、新型コロナウイルス禍においても最低限の業務を継続し、社会の安定維持を支えてきたところですが、厳しい経営環境の中で、事業継続が困難となり、廃業を選択せざるを得ない事業者も既に出始めており、今後、こうした傾向に一層拍車がかかることが懸念されます」

都内の多くのタクシー会社が試行錯誤のうえ生き残った一方、荒波に耐えきれなかった企業もある。

先出の廃止企業に当てはまらないが、2020年には身売りのうえ、大手に合併された会社もあるのだ。特に一度目の緊急事態宣言前後の3~6月には、数字上には表れていないが、多くの経営陣の頭に売却という選択肢が浮かんだ。

大手社に統合された、あるタクシー会社の幹部の声は切実だった。

「休業補償がもっと早く支給されていれば、と今でも思います。申請から給付までは2～3か月のタイムラグがあり、その間の運用資金、従業員の給料の立て替えを行うキャッシュが残ってなかった。複雑な手続き書類、給付金の支給までの時間の長さ。古くから残る土地もあって、人もいるという中小規模の会社なら生き残れたかもしれません。ただ、ウチはそうでなかった。いつ収束するかわからないコロナと戦い続ける気力も会社には残ってなかった」

もしコロナがこなければ……。そんな考えが脳裏をよぎることもあったというが、遅かれ早かれ売却は行われていたという解釈が今では強くなった。

「この1、2年で多くの中小規模のタクシー会社は、大手に合併されていくでしょうね。そもそも大半のタクシー会社の経営基盤は強くないので。ドライバーはまだ同業種への就職先もあるし、運送業などへと転職した人もいる。事務方などの仕事のほうは悲惨ですよ。知り合いの中小の社長なんかは、タダでいいから買い取ってほしい、と打診しているとも聞きます。いかに会社を残して雇用を守るかということを考えると、『資金力があるところに買ってもらうしかない』という結論に行き着く」

コロナ禍によって可視化された業界の欠陥

本稿を執筆している2021年5月時点で、三度目の緊急事態宣言が発令された。一時的な回復傾向にあったかと思えば、感染者増に伴う売り上げ減。タクシー業界にとっては、そんないたちごっこをを繰り返した一年でもあった。一般社団法人東京ハイヤー・タクシー協会の関係者が言う。

「ぬか喜びをしたかと思えば、再びどん底に。一体いつまでこのサイクルは続くんでしょうか……。それでも去年の春が底で、もし今後も緊急事態宣言が出ることがあっても、ある程度の落ち幅で済むとみています。解決策が一向に見つからないまま繰り返される自粛要請で、もはや都民の我慢にも限界がきていますから。街への人出の増加具合をみると、そう確信しています」

タクシー界の希望でもあった東京五輪。だが、海外からの観光客受け入れの見送りが発表され、史上初の無観客試合での開催となった。それについて、先出の協会関係者はこうも話す。

「無観客開催によりタクシー業界が受ける経済損失はいくらになったか。試算で約2兆4

000億円とも言われる国の損失ベースをもとに考えるしかない。正確な数字は誰も把握できていないですが、大打撃は間違いない。仮に観客を入れて一時的に潤ったとしても、心の底から喜んでいいのか。長期的には10年、20年先、市場が縮小することは明らかです。業界内はよくも悪くも、東京五輪という幻影に翻弄されすぎた」

全国でも圧倒的な優位性を堅持していた東京タクシー。その神話はもはや崩壊寸前まできたと指摘する人も増えつつある。

三度の緊急事態宣言への対応に奔走された業界は、今後どこへ向かうのか。タクシーを生業とする人々の大半は、いまだその明確な答えは見つけられていないのかもしれない。

国際自動車の西川代表は、業界の近未来についてこのような展望を述べていた。

「タクシー事業は100年以上の歴史がありますが、極端な言い方をすればその間に劇的な変化はなく、現在までできたという側面がある。それがここ数年で急速にIT化が進み、ライドシェアなどの新たな概念も生まれてきた。これまでは業界の外にあった要因により、全体が変化の時を迎えており、新型コロナもその一つの契機となるかもしれません」

生き残りのために必要なことを問うと、こう続けた。

「タクシーにも遅かれ早かれ、自動運転の時代が訪れるでしょう。既に世界各地では自動運転の実験も行われているようですが、日本もインフラ整備の問題がある。それでも自動化の波は避けられないでしょう。では、その時代がきたときにタクシーが果たすべき役目は何か。やはりいかに付加価値を見いだすか、という点に尽きると思います。仮に大手であれ、時代の変化に対応できない社は生き残ることが難しい局面を迎えている」

10年、20年後にタクシーは生き残っているのか。その答えは、おそらくイエスだろう。だが、現在の業態で営業を続けているかは不透明だ。ロボットがドライバーの代わりとなり、無機質なサービスとなっていても不思議ではない。

緊急事態宣言がタクシー界に落とした影は、単に数字上の危機だけではなく、古くから続く、変化を拒む体質の問題点を浮き彫りにした。それは、従来は人員補充がきいたこともあり「ドライバーは使い捨て」という概念があったことや、有事の際も変わらぬ勤務・給与体系、緊急時の給与保証の有無といった構造的な欠陥を指す。

バブル崩壊、リーマンショックに、東日本大震災後の日常。多くのドライバーにとって既視感を伴うものであったが、新型コロナはより甚大な被害を刻んだ。タクシー業界に限れば、収束後も同じような水準に戻ることはないという意見で、およそ一致する。

コロナ以降に向けた抜本的な改善策は、まだ誰も明示できていない。

第二章

壊滅した成田空港タクシー

無人となった成田空港のタクシー乗り場

「東京までなら、一乗車当たりの水揚げ（売り上げ）が2万円強。多い日だと、それが一日6本とか入っていたから。マックスだと12万円超えが何日もあった。そんな場所は世界的に見ても他にないでしょ。成田空港のタクシー乗り場は、間違いなく日本で一番のドル箱だった」

国内最大の玄関口となる成田空港国際線第二ターミナルのタクシー乗り場。ここはインバウンド需要増により訪れたタクシーバブルの影響を享受し、最も象徴的な場所でもあった。少なくとも、新型コロナウイルス蔓延が拡大する前までは――。

2020年12月、成田空港のタクシー乗り場では、暇を持て余したドライバー達が車を降りて談笑していた。利用者の順番待ちをするタクシーは5台のみ。訪日客へ向けた渡航制限の影響は甚大で、隣接するバス乗り場すら歩く人はほとんど見当たらない。少し時間をおいた後、大型のスーツケースを引いた欧米人の男性が、タクシードライバーに声をかけていた。

だが、値段交渉がまとまらなかったのか、足早に去っていく。一向に乗車気配がないドライバーの群れに話しかけると、この場所で10年以上営業を続ける吉村さん（仮名・60代）は往時を懐かしみ、冒頭のように話した。そして、間髪入れずにこうも続けた。

「今は1万5000円いけば御の字。一昨日なんかは、1万円だったよ。売り上げは2018～2019年のピーク時の10分の1以下。一転して日本で一番売り上げ幅が大きい場所になってしまった……」

　成田国際空港株式会社が公表したリリースによれば、2019年の国際線旅客便の数は18万1837本。外国人の乗客数は1822万4660人にも及んだ。それが、2020年には旅客便が6万2331便と3分の1に減少。訪日客は321万2667人と5分の1以下に落ち込んでいる。一日平均に換算すると、4万9931人から8778人への激減である。2021年の速報値では1633人とさらに落ち幅は顕著なものとなる。実に37分の1という下落は、当然空港タクシーにも直撃することになる。2021年のコロナ禍中においても、一日平均8万人を超える外国人利用者がいたのはハブ空港たるゆえんだろうが、航空関係者を含む業者を除いた実数はより厳しいものとなることは容易に予測がつく。他のエリアと異なり、空港での営業は基本的には〝待ち〟の一辺倒となる。つまり、利用者が多いときは自ずと数字は上がるが、そうでないときはいくら優れたドライバーであれ手の打ちようがないのだ。成田空港の変貌を語るうえで、この極端な利用者減は切り離せない。

タクシー業界の中で、空港の乗り場は権利や利権が絡む特殊な場所でもある。その中でも成田はさらに特殊で、乗り場一つとっても東京などへの長距離、千葉エリア、成田市内と細分化されている。そこに車両ナンバーの登録料、会社が空港へ支払う金額など、営業するためには多くの経費が発生してくる。順番待ちの待機場所一つとっても、朝の6時から来て抽選が行われ、ようやく手持ちの場所が決まるのだ。手間や労力もかかりそうに聞こえるが、なぜそれでも空港に集うドライバーが多かったのか。

「単純に稼げるからです。成田市は空港で成り立っている街。私達の給料も空港とそれ以外では倍以上違う。成田市内で営業しても通常時ならせいぜい3万円越えたら十分ですが、空港だとざっとその2～3倍。顔見知りのドライバーに調子どう？ と聞かれたら、気を使って『ぼちぼちです』と嘘ついていたくらいだから。単純計算で給料を平均しても、2019年は650万円超えてたんじゃないかな。国内線はまだ若干人が動くけど、今じゃ国際線は第二、第三ターミナルも閑古鳥が鳴いている。一日中空港から動かないという日もあって、まさにお手上げだよ」

異常なまでに膨らんでいたインバウンド需要

成田空港を拠点とするドライバー達にとって、2015年頃から増え続けた売り上げは2019年がピークとなった。この傾向は、後述する羽田空港や関西国際空港でも同様だった。日本の国際空港の中でも、最も海外の利用者数が多い成田のタクシー台数は、訪日客の増加とともに目に見えて増えていった。2019年には第二ターミナルだけで約200台が列をなすという盛況ぶりとなっていたと聞く。それが2020年末には、たったの5台となったのだ。60万円を超えていた吉村さんの月収は、一気に10万円を切り、ローンの返済すらも滞っているという。東京では緊急事態宣言以降は回復傾向にあった売り上げが、成田では一向に戻ってこなかった。多くのドライバーが職を辞したというが、吉村さんにその意志はない。一度口にした果実の味が忘れられないのだ。

「羽田の国際線と比べると、これでもまだ成田はマシ。便数はわずかながら出ているし、ビジネス客は動くから。冷静に考えると、ここ数年が〝異常〟といえる水準だっただけという見方もできる。タクシーの場合は大半が中国人の利用者だったわけで。それがごそっと消えた。ワクチンの接種が始まったら収束すると話す人もいるけど、コロナはそんな甘い感染症じゃない。じゃあなんで、海外は感染者が減らないの？　となるでしょ。少なくとも2年くらいは、外国人は戻ってこないでしょう。言い換えれば、それ以降は戻ってくるという希望を持つしかない。学もない、特別な才覚がない私のような中年が50、60万円稼げる仕事なんかない。一度あの感覚を覚えちゃうと、もう他には戻れないから。今は妻がパートに出て家計を支えてくれてます」

全盛期に乗り場に集まった約200台のうち、その多くを占めていたのが千葉市に本社を置く、「千葉構内タクシー」だった。現在稼働するわずかなエアポートタクシーも、千葉構内のものが多い。昔から成田空港に強いと言われる同社は、ドライバーの間では、「千葉構内かその他」と揶揄されることもあったという。

2年前に千葉構内のタクシードライバーへと転職したという江川さん（仮名・40代）も成田空港を拠点に営業している。地元・千葉の老舗企業に営業職として長年勤めてきたが、上司との折り合いが悪く、慢性的なパワハラに悩まされていた。タクシー業界に移った友人から、「今は稼げる」と諭されたことを契機にドライバーの道を選んだ。もともと車の運転が好きなわけでも、バリバリ仕事をこなすタイプでもない。それでも、2018年から2019年にかけては、右から左へと客が流れてきた。

「朝の6時前に空港に来て、順番が来ると都内の外資系ホテルなどへ送迎。運がいいと、そこから成田へと戻る利用客も拾えた。そうなると労せずに2時間程度で4万円超えの売り上げになるわけです。後で知ったんですが、普通のタクシーなら一日に1万円を超える〝万収〟を一回でも引けたらいいほう。それがぺーぺーの私ですら何本も入るわけです。それくらい成田はイケイケの状態だった。タイ人やベトナム人、欧米人を乗せることもありましたが、圧倒的に多かったのは中国人。だから、どれだけ対中関係が悪化しても、嫌いになれない（笑）。唯一の難点は決済方法にアプリを指定され、対応の可否を説明する必要があることくらいでした」

一日平均で3回程度、多いときは五、六回と東京へと車を走らせた。2019年の3、4月にはサラリーマン時代の月収の倍ほどに届いた。

だが、そんな「確変」も長くは続かなかった。コロナ禍以降は手取りが10万円台で推移し、利用者がおらず緊張感を保てないせいか、体調不良にも悩まされるようになった。腰痛を発症し、長時間の運転ができず、今ではタクシー業界への転職を心底悔いている。他の職探しに奔走したが、40歳を超えた江川さんに採用通知が来ることはついになかった。

「成田は自粛要請の有無にかかわらず、ずっと人出が少なかったから。ドライバーも心が折れちゃうんです。日に日に台数が減っていき、会社もランニングコストを考えてやむなく登録ナンバーを切っていった（廃止した）。そりゃあ転職も考えますよ。子供からも『コロナ感染のリスクが高く危ないし、転職してほしい』とせがまれました。でもね、他の業種からタクシーへ移るのは簡単だけど、逆は違った。10社近く応募して、面接までいったのは1社だけ。それが現実でした」

コロナ禍で増加した白タク

江川さん曰く、空港敷地内のパーキングや路上駐車の埋まり具合をみれば、ある程度の売り上げ予測がたつのだという。パーキングに停車する車が多いときはタクシー利用者の動きは悪く、逆に空きが多いときは売り上げが伸びる。この一年間で3度、成田空港を訪れたが、タクシーの台数よりも送迎と思われる中型〜大型車が目立った。正式な許可を得たハイヤーもあるが、その多くは認可を受けずに営業しているいわゆる〝白タク〟だった。これはパーキングや路上駐車で顧客を待つ違法営業車が、ただでさえ減少した顧客の牌を奪っていたことを意味する。果たしてコロナ禍でも白タクは稼働しているのか。空港の警備員に聞くと、減少はしているが根強く残っているという。

「2016年頃から爆発的に増えた白タクは、その大半が中国系でした。何度か取り締まりが入っても、形を変えて戻ってきた。警察が職質をしても、『友達を待っているだけです』と言われたら、それ以上は追及できないから捜査が難しいんです。でも、コロナ禍になってから中国系の白タクはほとんど見なくなった。その代わりに日本人や、東南アジア系の白タクが出てきた」

　コロナ禍で特に目立ち始めたのが、ベトナム系の白タクだ。埼玉県や群馬県のナンバーに加え、末尾が「666」のようなゾロ目であることが特徴で、見る人が見ればすぐにわ

成田空港のタクシー乗り場。ハイヤーに紛れ、白タクとおぼしき車もある

かる。主に白のワンボックスカーで営業しており、アプリを経由して連絡が入ると、タクシー乗り場のすぐ後ろにつけて顧客をピックアップする。中国系の白タクは駐車場を利用することも多いが、ベトナム系の場合は主に少し離れた路上やコンビニなどで待つのが手口でもある。先出の江川さんは、これらの違法営業に対して怒りをあらわにした。

「空港タクシーにとって邪魔な存在が、一番が外国人系の白タク。次いでＵｂｅｒなどの配車アプリです。白タクに関しては何度も警察に通報し、取り締まらせた。それでも、また気づいた頃に湧いてくる。私達は法に従い、ルールの中で営業しているのに、奴らはその外にいる存在。やっと、中国系が減ったと思えば今度はベトナム系です。今は空港通りのコンビニの駐車場で待つことが多い。だいたいが埼玉ナンバー白のワンボックスカーなので、その動きを注視しています」

実際に空港通りの某コンビニチェーンの駐車場には、埼玉ナンバーのワンボックスカーが長時間停車していた。別日に訪れても、同様の車の存在を確認している。

筆者は、２０１７年頃から定期的に成田空港の白タクを取材し、メディアに寄稿してきた。同時期には、訪日客増による白タクの迷惑行為がテレビや各種メディアなどで報じられた。これらは日本産の紙おむつの買い占めなどを含む、中国人の行動全般に関する流れを汲むようなものでもあった。

「銀座のビル半数近くが中国人資本となった」

「日本最大の土地上昇率の大阪・なんばや心斎橋はチャイナマネーの投資が止まらない」

取材先でもこんな話を聞く機会が増えるたび、近未来の日中両国の力関係の縮図にも思えた。白タクや転売行為は表層的かつ短期的なものだが、これらの一部がアンダーグラウンドにも流れているという懸念も耳にした。

なぜ成田空港の中国人達が白タクを利用するのか。最大の理由は金額面だ。当時は成田から新宿まで、高速代込みの定額料金で2万2400円（夜間は2万5600円）とされていた。ところが、白タクの場合は1万7000円程度で利用が可能だった。中国本土のように配車アプリやライドシェアが発展した国では、日本のタクシーは割高に感じるのだろう。その盲点を突き、空港内で年々シェアを拡大していった。中国のインターネット上の広告でも、成田の白タクは複数表示されることもあり発見も容易だった。

もともとは「WeChat」などのアプリを活用し、乗り場で中国から予約した利用者を出口付近でピックアップしていた。しかし警察や空港の取り締まりが厳しくなり、次第に駐車場に停車してから乗せるスタイルへと移っていった。2017年に運転手らに聞き込みをしたところ、成田空港を拠点とするドライバーはこのように状況を説明した。

「第一ターミナルの駐車場だけで一日50台ほどの白タクがいます。第二ターミナルを合わせると、単純計算で一日100台前後。車はワンボックスタイプが8割程度で、あとはワゴン。大型の荷物を持った三～四人程度の乗客が多く、見るとすぐにわかる。多いのは川口、成田ナンバーで、いくつか組織的に動いているものもあります。なぜそう思うかというと、車とナンバーが同じでも、日によってドライバーが違うから。そして、話しかけても、毎回『友達のピックアップ』『私は留学生』とテンプレートのような回答をしてくるんです。一番タチが悪いのは、中国人のマネをした日本人白タクも急増したことです。本当は注意したいのですが、ヤクザのシノギの可能性もあるので怖くて声を上げられない」

中国系白タクの一団を直撃してみた

中国人白タクは、日本人客を乗せることもなければ、タクシードライバーと絡むことはない。些細なトラブルすら避けたい彼らは、はじめから日本人を対象から除いているからだ。警察の取り調べに対しても、「友人の送迎」という口実が用意されており、予約から決済までアプリを利用すればリスクも軽減できる。筆者はカメラマンと一緒に、何日かに分け2、3時間様子を見たが、明らかに白タクと思われる車両を軽く10台は発見できた。その中で数人の白タクドライバーに接触したが、激昂する者もいれば、「日本語はわからない」とはぐらかされることもあった。

そんな中、ハイブリッド型の黒のアルファードに乗る30歳前後の運転手と三人家族の利用客に直撃した。記者としての身分は明かさず世間話風に話しかけたが、次第に敵意を向けられていった。以下、そのやり取りである。

——どこから来ましたか？

（利用客）「台湾」

——目的は？

「友達に会いに来たのと、旅行で。東京に行く」

——これはタクシーか？　私は東京方面に行きたいが一緒に乗れないか？

（利用客）「タクシーでない。ノー」（※運転手が降りてきて、何か中国語で話しかける）

——今からどこに行くのか？

（運転手）「箱根」

――箱根？　彼らは東京のホテルに行くと話していたが。

（運転手）「後で東京に行く」（※急いでドアを締めながら）

――東京のどこに？　どれくらい滞在している？

（運転手）「ホテル。どれくらいかはわからない」

――もしこれがタクシーなら、日本では違法行為となるが知っているか？

（運転手）「ノー」

――ドライバーは本当に友達なのか？

（利用客）「はい」

――友達に荷物を全部積ませるのか？　日本人の感覚的にはおかしいが。

（利用客）無言

――どこで知り合った？

（利用客）「昔から」

――彼は台湾の人か？

（互いに）「……知らない。違う」

このやり取りからも、白タクの実態がある程度理解できるのではないか。

近年、捜査は本格化しているが、２０１９年末まで白タクは手を替え品を替え生き延びてきた。駐車場ではなく、空港近隣でピックアップするという事例も出てきた。特に中国の配車アプリ「皇包車《こうほうしゃ》」の普及が、集客を容易にしたというドライバーもいる。東京や大阪、千葉や沖縄では逮捕者も出ているが、あくまで氷山の一角でしかない。車両込みでも１００万円以下と安価で営業が可能なことも台数を増加させる要因となった。

取材を続けていくと、羽田空港や成田空港に出入りする、ある個人タクシーのドライバーに出会った。山本さん（仮名・60代）は中国人と白タク組織と繋がりがあり、彼らの生態に詳しい人物でもある。もともと中国人の知人を通じて、タクシービジネスのアドバイスをしてほしいと懇願されたという。

「それなりのランクの車で個タクを始めようと思えば、最低１０００万円程度は開業資金が必要。車両代の他にも空港の利用の登録料、配車アプリの機材設置など諸経費が多くかかってくるからです。中国人の白タクに関しても、ある程度の車が望まれる傾向にあります。そこで、車の乗り換えの際に格安で譲ってほしいと頼まれるようになった。個タクのドライバーに声をかけ、１００万円程度で何台か売りました。そうすれば、格安で明日からでも白タクの営業が可能となるわけです。最近はベトナムやアジア系も増えたが、中国系はほとんど川口ナンバー。アジア系は北関東のナンバーだからわかりやすい。池袋や新宿発で組織的にやっているところもあれば、埼玉などはフリーランスもいる。ドライバーは華僑のコミュニティで声をかけ、実際に従事するのは料理店勤務者、留学生やバイトなので、アシがつきにくい。だから、車が増えれば増えるだけ儲かるという仕組みです。基本的に白タクは民泊などの宿泊施設、旅行会社やお土産屋と提携し、滞在中の貸し切りも多い。結果的に単価が高くなり、タクシーのように待ち時間もないから、非常に効率がよいビジネスでもあるわけです」

白タクの一台当たりの売り上げは、どれほどに上るのか。

時期にもよるが、ピーク時の２０１７～２０１８年頃は年間一台で５００万円以上を売り上げることも珍しくなかったという。

「あるグループからは『儲かって仕方がない』と、池袋に4階建てのビルを買ったという話も聞きました。基本的には本業があっての副業ですが、月30万円以上稼ぐ奴らがゴロゴロいた。国内のタクシー業界が受けた被害額は、一人当たり月に10万円程度でしょうか。日本のタクシーも当時は儲かっていたから、気づいていても咎めない感じでもあった」

山本さんから聞き、白タクグループが購入したというビルを訪れてみた。池袋北口からほど近いそのビルは、多くの中華料理店が並ぶチャイナタウンとも呼ばれるエリアの一角にあった。集荷業者の出入りが激しいが、特別に目立つというほどでもない。若者から近隣の商店の関係者まで、このビルの周辺をせわしなく行き来している。

関係者とおぼしき複数の人物に取材を試みたが、取り付く島もなく門前払いされた。だが後日、山本さんを介して元・白タクドライバーであるという中国人との接触に成功した。真偽は定かではないが、埼玉大学に留学しているというこの男性は、母国への仕送りのために2018年に白タクを始めたという。日本語は少したどたどしいが、爽やかな風貌の好青年だ。来日当初はコンビニでバイトをしていたが、留学生のコミュニティを経由して白タクの存在を知った。月に5、6回ほど働き、時に収入は10万円前後になったという。だが、2020年から訪日客が激減したことで足を洗った。今でも、報酬の面では未練が残ると話す。

「埼玉では『パンパース』の買い占めもやりましたが、白タクのほうが圧倒的にお金がよかった。交代制で働いていましたが、希望者も多かった。でも、コロナで全然人が来なくなって、やっている人の話を今は聞きません。現在はブランド品や携帯、ゲームを購入してアプリで売ったり、中国本土に売って生活しています。もしコロナが終わったら？　そうですね、空いた時間にできるなら（白タクを）やりたい」

今の羽田は「廃墟」です

コロナ禍により、成田空港を超える惨状を示したのが羽田空港である。運営する日本空港ビルデング株式会社が公表したデータによると、2020年の訪日客数は132万2697万人。2019年の851万2276人から、約65％減に直面している。タクシードライバーにとっても、羽田発着の訪日客を乗せるという〝おいしい仕事〟は消えていった。

筆者は2020年に二度、羽田を訪れたが、国際線のタクシー乗り場はもぬけの殻と化していた。

「今の羽田は廃墟です」

客待ちをしていたドライバーはこんな表現を用いて羽田の状況を述べた。2020年の8月上旬、この日の国際線の発着便はわずかに4便のみ。サービスカウンターはおろか、空港内の飲食店なども大半が臨時休業という、まるで退廃しきった後進国の地方空港のような印象を受けた。

「成田に比べると羽田はタクシーが少ないと言われるけど、全然そんなことはないんです。実は優良ドライバー向けの待機所があり、そこから順番に車両が出てくる形になっている。国内線でもナンバーの末尾が奇数の場合は奇数日、偶数の場合は偶数日と入庫が徹底的に管理されている。中にはおもてなし車両の待機所もあったりする。つまり、台数や時間などへの監視が行き届いているわけです。そこら中に防犯カメラがあり、ドライバーに不正がないかセンターが見張っているくらいで。この乗り場には2つの待機所があり、一番売れる場所でもある。それが今は、ドライバーが休憩に寝に来る場所と化してしまった。一発逆転を狙って朝から待ってるけど、15時過ぎにやっと待機所から出て来て、まだ一人も乗せられていません」

成田ほどではないが、一時期羽田で横行した白タクも2018年を境に激減した。背景には東京五輪を見越しての警備強化があったのでは、と先出のドライバーは分析する。そして、新型コロナウイルスが蔓延拡大したことで、羽田を〝縄張り〟としてきた中国人白タクはほとんど見かけなくなったという。成田空港でも同様だった。

タクシードライバーにとって過去最高ともいえる売り上げを叩き出した2つの空港では、

違法車両の増加により本来上がるはずの売り上げをかすめ取られ、コロナ以降は過去最低の水準で推移していた。中国人白タクは姿を消し、わずかに残った国際線の利用客は、アジア系の白タクや配車アプリという新興勢力に奪われているのだ。先出の山本さんが嘆息する。

「結局、中国人のほうが日本人よりビジネスの勘どころに敏感で、判断が早く、戦略もうまかった。これに尽きる。彼らは勝負どころとみるや数の論理で攻め、たとえ非合法でも躊躇なく突っ込んでくる。だから強い。日本のタクシー業界のようにがんじがらめな性質だと、海外からの顧客を逃してしまう面もある。多くの人はその現実に気づいていながら、何もできないんです。東京タクシーセンターは、外国人旅客接遇英語検定（同センターが英語で旅客接遇ができる運転者の育成を目的に実施している検定）に力を入れるなどベクトルがまったく逆の方向に向いており、危機感もない。中国人旅行客により、タクシー業界が潤ったのは間違いない。でも、その利潤の多くは日本に住む中華系コミュニティに流れ、彼らも資金を蓄えた。仮にコロナ以降に旅行客が戻ってきても、同じことの繰り返しになるでしょう」

年が明け、筆者は2021年2月に再び成田を訪れたが、状況は変わらずだった。1月にビジネス客を中心にわずかながら回復しつつあったという売り上げが、2月に入り悪化の一途を辿っているという。

「待ち時間ばかり長くなっちゃって、株式投資を始めた」と訴えるドライバーもいた。利用客は皆無ながら、乗り場から離れられない苦痛を少しでも紛らわすためのものであることは想像できた。

その大半が一時撤退を選択した白タクと、留まらざるをえなかったタクシードライバー。コロナの最中にある今、是非は定かではないが、少なくともどちらが苦渋を味わっているかは明らかだった。

「それでも、外国人が戻ってくれれば……」

その空虚な叫びは、閑散としたタクシー乗り場にいっそう響くかのようだった。

第三章
群雄割拠、乱世きわめる大阪タクシー

突如、終焉を迎えたインバウンドバブルの恩恵

大阪のメインストリートの一つ、御堂筋の心斎橋駅前は10年前と比べてずいぶんと様相が変わった。テナントは空きが目立ち、家賃も下落するなど活気を失いつつあったこの街だが、近年のインバウンドバブルの需要増に伴い、年々地価は上昇。歩く人々の半数近くは外国人であるといっても過言ではないほどになった。そして、訪日客が落としていく貨幣が、活性化の循環を生み出していく。

ミナミ（なんばや心斎橋エリアの総称）は、全国でも有数の地価上昇率を持つ商業エリアとなりつつあった。関西ではバスツアーの外国人観光客だけではなく、台湾や香港、韓国等からの個人旅行客の増加が目立った。彼らは団体ツアー客よりも小回りを利かせることを好み、定番の観光エリア以外にも足を運ぶ。個人旅行客の増加により、大阪のタクシーが受ける恩恵は大きかった。

大阪のタクシー運転手の年間賃金の推移をみると、増加の勢いは凄まじいものがある。2012年時点では278万円で、これは隣接する兵庫、京都や三重県よりも低く、全国的にも中間程度の水準だった。ところが、2015年から急上昇し、2019年には41

2万円と、東京、神奈川、静岡に次いで全国4位まで上り詰めているのだ。

なぜ、ここまで大阪のタクシーは変わったのか。

地場の人間ほど、「インバウンドバブルの一本足打法です」と口を揃える。以前、大阪市内に住んでいたことがある筆者も、この発言には共感する。東京や、その他大都市圏と比較しても、大阪の訪日客の勢いは異常だった。繁華街は中国人をターゲットにしたドラッグストアが溢れ、飲食店なども明らかに外国人を意識した店舗が急増していく。さらに中心地のビルは、外国人投資家の存在により価格上昇が続いていた。

それまで決して好景気とは言い難かった大阪において、インバウンドマネーはナニワの商人たちを潤わせた。潤沢な経済はタクシー業界にも巡り、ドライバー達の収入にも直結していった。

だが、当然ながらこれはコロナ前の話である。インバウンドへの依存が大きければ大きいほど、跳ね返りが生じる。コロナの影響で訪日客が途絶えた影響を最も受けているエリアは大阪ではないか。ふと、そんなことを思った。

「大阪のタクシーの安さはたぶん日本一。東京から来た人はみんなビックリしはるから。ただ、料金が安いということはドライバーにとってうまみが減り、実入りは少ない。それでこのコロナでしょ。商売としてはまったくあきまへんわ」
2020年5月。心斎橋駅からほど近い場所で拾ったタクシーの今野さん（仮名・50代）は、大阪のタクシー業界が置かれた状況をこう説明する。普段は関西でも有数の高級飲み屋街が集まる北新地を拠点にしているが、新型コロナウイルス蔓延の影響で、ミナミ近隣を流すことも多くなった。コロナ禍での営業事情を問うと、売り上げは約3分の1まで減少しているという。

特に売り上げが厳しいのが、このミナミエリアでもあった。大阪市内はなんばや心斎橋があるミナミと、近年開発が進んだ大阪駅・梅田周辺のキタで二分されることが多い。オフィス街や大型の商業施設が集うキタに対して、ミナミは商店街などの昔からある人情味の強い個人商店も多く、いい意味での猥雑さが残る街だ。そんな雰囲気を好み、外国人観光客にも人気のエリアでもある。近年ではその増えすぎた観光客を嫌い、大阪人の中にはミナミを敬遠する人も珍しくなくなっていた。

企業が集中するキタや、淀屋橋、北浜、本町といった場所ではタクシーは動いていた。だが、どうしても近距離の移動が多く、数多くの乗車回数は望めない。それなら、と腹をくくり、南大阪方面への〝万収〟を狙い、今野さんはこのエリアを流すようになった。

「大阪で乗客が多いところでいえば、ミナミとキタ（梅田・JR大阪駅周辺）に集中している。最近では天王寺や天満なんかも多いけど、やっぱりこの2つがドライバーにとってはおいしいわけ。ただ、ミナミは客層があんまりよろしくなくて、よその土地から来た人間にはキツい部分もある。だから私は、ずっと北新地やキタをメインでやってきた。あそこは接待メインのお客さんやから、『道が違う』『料金ちょろまかそうとするな』というクレームをつけてくる人が少なくて、地の人間でない私からするとありがたかった。それが今年の2月くらいから、さっぱりダメになって……。ウチの会社でも辞めた人間はようけいますよ。いつまでこの状況が続くのか、そもそも会社が続けられる体力があるのか悩ましいですわ」

徳島県に生まれた今野さんは、地元の高校を卒業したあと、徳島市内の工務店に勤務した。30代で自身の工具屋を起こすが、不況のあおりを受けて倒産。友人が代表を務める会社から誘いを受け、大阪市内の会社で働くが長く続かなかった。タクシードライバーを仕事として選択したのは、40代になってからだ。以降は10年弱、ドライバーとして生計を立てている。自身のことを四国からの〝流れ者〟だと表現する。

「あくまで個人的な感覚やけど、大阪でタクシードライバーやっている人間て、よその土地からの流れ者が多いんですわ。九州とか中国地方とか、特に四国出身者なんかは多いけど、大阪より西から来た人間が集まる場所でもある。中には元ヤクザとか、借金して逃げてきた人とか、元会社社長とかもいて、バラエティに富んでるわ。大阪はそういう人達に対して、余計な詮索がされん場所でもある、でもそういう人間も、みんな関西弁しゃべろうとするのは面白かった。そういう土地は、たぶん大阪だけなんちゃうかな」

この地に流れてくるのは男性だけではない。筆者が旭区に本社を置く日本タクシーを利用した際、女性ドライバーがこんなことを話していた。

「もともとは四国の出で、学校を出て関西で仕事をしたあとは、東京に長く住んでいたんです。でも、離婚してしまって。子供のためにも稼ぐ必要があった。それで気がついたら大阪でタクシーをやるようになっていたんですよ。自分でも理由は説明できないんですが、なんとなくね、東京でタクシーはやりたくなかった。ウチの会社なんかはレディースチームがあるんです。5課というとこがレディースチーム。本社だけでも女性が15人ほどいますよ。まだまだぺーぺーですが、思っていたよりも働き心地はいいんです」

大阪のタクシーが全国一、安いワケ

今野さんが述べたように、大阪のタクシーは確かに安い。厳密に言えば全てではないが、安い料金設定の車両が多く存在しているのだ。

大阪市中心部でタクシーに乗車しようと呼び止めると、すぐにそのことに気づく。車体に「初乗り5●●円」「5000円超分5割引」「長距離半額」といった金銭面の特典を謳ったタクシーが多いからだ。

ウチの会社はとにかく安い——。そんな主張が前面に出た車体を見ると、土地勘のない他県から来た人間は少し圧倒されるかもしれない。その象徴的な存在が、通称「ワンコインタクシー」と呼ばれた、500円で初乗りが可能な大阪独自の格安タクシーだった。

筆者は一時期、新大阪駅付近に住んでいたことがある。例えばミナミから夜間にワンコインタクシーを利用した場合、3000円程度の料金で帰宅できた。2016年当時に一般的だった初乗り2㎞660円のタクシーなら3800円前後だったことを考えれば、ずいぶん割安といえるだろう。

東京との比較でみるとその安価ぶりはより顕著になる。東京都では2017年から初乗り運賃700~730円から、380~410円に引き下げる新運賃を適用している。だが、これは1・052kmまで410円とするというものであり、短距離の運賃は値下げとなったが、6・5km以上については実質引き上げとなっている。表記上の妙ともいえたこの新料金だが、大阪では初乗り2kmで500円という時代も数年前まであったのだ。

さらに5000円を超えた金額が半額になる、いわゆる「55割」と呼ばれる大阪独自の制度も根強く残っている。これは例えば1万円の乗車料金だとすると、超過分の5000円から半額の2500円に減額され、総支払額は7500円となるという制度だ。慣れない利用者にとっても煩雑な料金体系ではある

「ワンコインタクシー」の車両

が、それでも安さは補償されているというわけだ。一方、運転手からするとなかなか1万円を超えるような営収は期待しにくく、それは収入面にも直結する。

本来であれば、長距離はドライバー達にとっておいしい領分である。しかし、大阪においてはそれが当てはまらないと話す者もいる。700万円近い年収を誇り、コロナ禍でもその水準を保ったスーパードライバーの林田さん（仮名・50代）は、刻むように回数をこなしていくことが最も効率がよい、と明かす。

「時間のロスをいかに減らすか、これが大阪でのポイントだと思っています。仮に市内から高槻の山奥や、関空（関西国際空港）に行く方がいても、戻ってくる時間や高速代を考えるとあまりプラスにならない。特に大阪の場合は初乗りが安く、長距離割引があるため効率が悪くなる。だから私は配車アプリに特化して、営業を行っています。主に『DiDi』を利用していますが、迎車料金だけで400円入ってきて、積み重なると大きな額になる。アプリのいい点は、多いときなんかは10万円を超える迎車料が入ってくること。メインの繁華街ではなく、競争が少ない場所に絞ってやる。具体的には、十三、福島や中之島辺りですね。その中でもアプリが鳴りやすい（呼ばれる）ポイントがいくつかあって、そこに移動してじっと待って、鳴ったら行くを繰り返す。流しが期待できないコロナ禍においては、特にその戦略はハマった」

先述した500円タクシー以外でも、520～660円の幅で初乗り価格を設定するタクシー会社が多く存在した。それでも2020年2月からは、運賃の改定により25年ぶりに約10％の値上げが実施されるなど、再考が行われている。公定幅運賃の改定に伴い近畿運輸局による見直しが入った影響で、以前ほど安さをウリにする企業は減った。減少したとはいえ、乗り場や流しで安価なタクシーを探すことは、決して難しくない。いったいなぜこのような運賃制度が成り立っていたのか。大阪のあるタクシー会社の代表はその理由を説明する。

「他の地域は料金体系と初乗りの値段がほとんど統一されてるけど、大阪だけは見事なまでにバラバラ。これでもずいぶんマシになったほうですよ。昔はもっとひどかったから。例えば力が強い会社が『ウチはこれでいく』と言うと、それが通っちゃう。でも組合や協会に入ってなかったり、入っていても力が弱いと影響力を行使できないので、そういう企業側からすれば無理に値段を合わさなくていいやろとも主張もできる。要は自由競争やろ、という理屈です。仮に10円単位の差でも、数十円でも安い車に乗ろうという乗客心理もある。これは大阪人の心理でもあり、特殊性でもある。近年では少し収まりつつあるけど、過度な価格競争はいまだに残っている。大都市圏でこれだけ乗車料金がグチャグチャなのは大阪だけでしょうね」

そして大阪には構造的な問題が根強く残っている、とも続ける。それは長距離割り引きに対しても同様のことがいえるのだという。

「ドライバーも経営者も誰もが、長距離割り引きはやめたがっているんです。一番稼げる夜間のロングの利益を減らしているわけですから、当然ですよね。ただ、一部の古株の権力者がいまだに幅を利かせており、この制度を壊せない。8割以上の会社が、『続けさせられている』という状況です。お上は安すぎるタクシーはダメ、と言っときながら認めていることに矛盾がある」

運輸局が介入し歯止めをかけようにも、そうもいかない事情がある。

「大手、中堅問わず、100％正確に法令遵守して、税金を払って経営しているタクシー会社はほとんどない。保険料をずっと滞納しているような会社も珍しくない。それは私が長年、感じていることです。その中でも特に大阪はひどいと思いますね。ドライバーの収入が上がっているのも、単純に勤怠時間などの縛りが緩くて、ルーズな面があるのも大きい。他県から来た社長は、『大阪はそんな緩いの』と驚いていたくらいです。特に維新の会の政権になってから、その色は強くなりました。取り締まる側や行政も、それで潤うならよしとする、ある種の暗黙の了解がある。タクシー業界に維新の支持者が多いのは、勤怠時間の超過というグレーな部分に目を瞑《つぶ》るということがあるからだと思いますよ」

ワンコインドーム経営者に聞く生き残り戦略

２０１４年１月の改正タクシー事業適正化・活性化特別措置法（特定地域・準特定地域タクシー事業適正化・活性化特別措置法）の施行で、タクシーが多い地域では国の定めた範囲内の初乗り運賃（公定幅運賃）が義務化された。

だが、関西からの反発は予想以上に大きかった。２０１５年には大手のＭＫタクシー（京都市）とグループ３社が国を相手取り、運賃変更命令などの行政処分を出さないよう求める訴えを起こしている。また、公定幅を下回る格安運賃で運行してきた大阪市内のタクシー会社「ワンコインドーム」は、国に値上げを強制しないよう求める訴訟を行い、勝訴している。現在に至るまで、「壽タクシー」（東大阪市）と「ワンコインドーム」の２社がワンコインでの営業を続けていることも、大阪のタクシー業界の特殊性を表すエピソードといえるだろう。

京セラドームからほど近い場所に本社を置くワンコインドームは、２代目社長である町野革氏の就任とともに変革を遂げた。これまでは安売り路線で顧客を獲得していたが、方針を転換。売りであるワンコインを公定幅に近づけ、一乗車当たりの利益を拡大させることに注力している。

町野氏は２０１９年に代表に就任する前は、大手商社や1部上場メーカーで営業職として勤めてきた。漫画『闇金ウシジマくん』を意識したという、黒シャツ、黒スーツに縁無しメガネという強面の風貌ではあるが、第一線でビジネスのノウハウを学んだ経歴を持つ。

前職では大学時代に専攻した中国語のスキルを活かし、商社マンとして海外を飛び回り、生き馬の目を抜くような世界に身を置いてきた。そんな環境から飛び込んだタクシー業界は、目を疑うような〝常識〟の連続だったという。何より違和感を感じたのは、怠慢な経営者があまりにも多いということだった。

「タクシー業界のオーナー企業は、従業員から搾取はするけど還元する視点がない人が多すぎる。儲からないことを外的要因のせいにするような努力不足の人が目立ち、唖然としました。それでも自分達は平然と年間何千万円という報酬を得ている。プライドだけは高くて、他の業界では到底通用しないような人ばかりで呆れてしまった。だから、コロナで乗務員が苦しんでいる中、通常営業という選択をする会社が多いわけです。逆の言い方をすれば、従業員に還元し、いい人を集め、価格面でも差別化できたら必ず勝てるという確信があった」

町野氏が言うように、大阪では休業補償を使用せずに通常の台数で営業を続けていたタクシー会社も多く、現場では「大阪はタクシーが多すぎる」と嘆くドライバーもいた。ワンコインドームでは、2020年4月から休業制度を導入している。感染リスクが高い職種なだけあって、休めるなら休みたいという意見が多く出たからだ。

三度目の緊急事態宣言時には完全休業を行い、それ以外でも、希望者は全員休業扱いにした。グループの従業員は500人を超えるため、当然資金繰りは苦しい。だが、それでも雇用を守らないとタクシー会社は潰れてい

ワンコインドーム・町野革社長

くという危惧を持ち続けている。

「2016年から業界に関わるようになり、大阪では深刻な乗務員不足が起こっていることがみえてきた。そこで打ち出したのが、既存の牌《パイ》の奪い合いはやめましょうということです。それは他所のタクシー会社から年寄りの乗務員を引き抜くのではなく、別のところから補充しようという考え方。それが女性・若者・外国人でした。女性を集めるために参考にしたのが、ヤクルトレディです。ヤクルトは託児所を作って女性社員を集めている。それなら我々もと、2つの保育園を作った。次に若者。若者といっても20代よりも30代に絞り、何らかの理由で仕事が続かなかった子達を採用していった。真面目だけど、会社が合わなかったというパターンは多いですから。この世代は責任感もあるし、社会経験もあって、一番会社に貢献してくれている。外国人はまだまだ壁がありますが、今では10人以上の中国人が在籍している。時間も労力もかかるが、将来を考えると、外国人ドライバーの育成にも着手していかないといけません。もし、ここで休業という選択を行わなければ、苦労して育てた乗務員さんが辞めてしまうリスクがある。そうなると、コロナが明けても会社が生き残る体力が残らない。だから、今は我慢の時と腹をくくっています」

料金体系や規制など、これだけ足並みが揃わない場所は間違いなく大阪だけだろう。タクシー会社が200を超える中で、大手と呼べるほどの存在はごくわずかであり、調整のための談合も行いにくい。統制が取れていないがゆえに、我を押し通す社も出てくる。それが大阪の特色ともいえた。ワンコインドームなどは、その恩恵を受けてきた企業でもあるが、中小の事業者ではこういった大胆な戦略なしに、生き残りが難しい時代に突入しているのも現実だ。大阪という土壌においては、その利点を活かしより抜本的な改革を行うべきだ、と町野氏は提唱する。

「ダイナミック・プライシングを取り入れるべきというのが私の持論です。我々のような安いタクシーが威力を発揮するのは、お客さんが少ない2月や8月なんですよ。通常時はお客さんも選べるわけです、通常時は、乗り場に停まっているタクシーから安い車を選びますが、12月の忘年会シーズンだと車が来たらなんでも乗ることになる。私は大阪の一番安いタクシーを経験していますが、12月などは損なんです。経営者視点で言うなら、安くする理由がない。安いタクシーは儲けられる月と儲けられない月の差が激しい。しかし、ダイナミック・プライシングを採用することで、一番料金の高い会社は繁忙期に荒稼ぎできるわけです」

ダイナミック・プライシングとは時間帯や時期により料金を変動する制度のことを指す。

日本では主に航空会社などで設定されているが、タクシー業界では適応された例はない

「月によって値段を変えられないので、需要と供給のバランスが取ることが極めて難しい。運営側にできる戦略も限定的です。顧客も利用幅が増えるでしょうし、ゆくゆくはダイナミック・プライシングを導入したほうが業界が活性化する。大阪のような土地柄では特にそうでしょう」

「タクシーブログ」で人材難と集客を解決

一昔前ほどの価格の幅はなくなったとはいえ、料金の安さゆえに顧客に選ばれることもある。ワンコインドームに勤める永野馨さん（48歳）は、そのことを痛感してきた。そこで、ドライバーでありながら、稼ぎ方をブログや動画で配信し、集客と人材確保に繋げている。

ワンコイングループと他社との差額は初乗りで数十円程度だが、距離が延びるほど乗客の利用料金は数百円～、時には1000円以上安くなる。大阪という地において、このアドバンテージは大きかったと、永野さんは言う。

「ブログの中で、『サルでも出来る！　月収手取り40万楽勝。大阪タクシードライバー初心者講座』と銘打って記事化したことがあるんです。過激な表現なので、いろんなバッシングを受けましたが、書いている内容に間違いがあるとは思わない。大阪人はタクシー会社により料金が異なることをよく知っているので、安いタクシーをわざわざ探す人も多い。だから、ウチなんかは前提として選ばれる会社なわけです。そういった利点がある中で、どのような手法やエリアを狙い、営業するかということをブログで配信する。例えば堂山なんかでは入れ食い状態ですから。それを見て何十人というドライバーが転職してきて、実際に彼らは40万円以上を稼いできた。２０２１年からはＹｏｕＴｕｂｅ等で動画配信も始めましたが、それを見て既に５人が入社している。採用が何より難しい業界において、これは胸を張っていいことだと思います」

永野さんは会社員時代の２００４年にグルメブログを立ち上げ、今でいうインフルエンサーの先駆けのような存在でもあった。管理するブログは、グルメ・飲食店部門のランキングで10年近く上位に顔を出していた。多い月はブログの収入だけで月に２００万円を超えるほどだったという。趣味が高じて、その後７つの飲食店の経営にも乗り出している。経営はうまくいったとはいえない状況だったが、店舗の売却益などで悠々自適な生活を送っていた。それでも飲食業は薄利多売の傾向が進み、収益は悪化しつつあった。

タクシーに関心を持ったのは、全てが遅れた業界だったからだと回顧する。人手不足が叫ばれて久しい大阪タクシーにおいて、企業側が一採用につき人材を10万～20万円程度で買い取ることもあると耳にしていた。

「ブログで人を集めることでビジネスにならないか」

永野さんは大阪中の全てのタクシーに乗り、運転手の声を拾うなどリサーチを始めた。その結果、リアルな仕事ぶりをブログに綴ることで勝機があると判断した。タクシードライバーの求職者が最も気にしているのは、その収入面だった。大阪においては、手取り40万円というのが一つの目標ラインであるという答えに行き着いたという。さらに業界にのめり込んだ永野さんは、自身もドライバーになることで、より正確な発信を追い求めるようになった。こうして入念な準備のもと、「大阪グルメタクシードライバー」というブログを開設する運びとなった。

ワンコインドームでの1年半に及ぶ乗務員生活を記したブログは評判を呼び、１００人を超える読者が永野さんの情報をきっかけにタクシードライバーとなっていった。

「今は広報兼ドライバーです。一番嬉しいのは、私のブログを見てタクシードライバーになった人達が、入社後にブログを書いてくれること。それを見た人が、また会社に入ってくるというサイクルができたことですね。タクシーとブログは、意外と相性がいいんですよ。もちろんネタありきですが、書くことはウチにはたくさんありますから。ただ、最近ではやはり動画のほうが反応もあるし、爆発力が違う。ブルーオーシャンを狙うことが大切なのは、タクシー業界でも同じですね」

コロナ感染爆発がドライバーにも波及

コロナウイルスが感染爆発した大阪では当然、タクシードライバーからも感染者が出た。2021年3月上旬では、100人以下で推移していた感染者数だったが、4月に入り急増。中旬には1000人を超えた。

この時期にコロナに感染した金田さん（仮名・40代）は、重症化して生死を彷徨ったという。

「4月上旬、感染経路不明でまず私が感染し、その後家族全員にうつった。入院やホテル療養を希望しましたが、保健所からは『高齢者の待機患者が80人以上いて難しい』と断られました。必然的に自宅療養になりましたが、その1週間ほどの記憶が完全に飛んでいます。肺に慢性的に激痛が走り、咳をすると一層苦しくなる。それでも咳が止まらないから地獄のような苦しみなんです。ああ、こうやって命の危険にさらされるのかと身を持って知りました。症状が落ち着いても、いまだに薬の副作用で味覚障害が残っています。食べ慣れたハンバーガーなどもまったく違う味に感じて、美味しいとも思わなくなりました。さらに記憶が断片的に飛ぶことも。そんな状態のため職場復帰はまだ出来ていません」

不特定多数を乗せるドライバーは、人一倍、感染リスクが高い。金田さんのように、経路不明で気がつけば重症化する危険性も伴う。その反面、経営者としては素直に感染者の発表をしにくい事情もある。前出の市内のタクシー会社代表がこう話す。

「コロナ騒動の初期、全国でタクシードライバーに感染が相次いだ時期がありましたよね。当時は、被害者であるはずのドライバーやタクシー会社に対して、ネットでは批判的な意見や声が多く上がっていた。でも、さすがにそれは的外れやと言いたい。もし自社でコロナが出るとどうなるか。出勤時間にズレがあるとはいえ、一人感染者が出ると、ほぼ全員が濃厚接触者に認定される可能性が出てくるわけです。そうなると、少なくとも2週間は全ての業務が止まり、必然的に休業となる。何よりも、世間から『あそこはコロナが出た』という二次被害のほうが怖かった。だから、仮にコロナが出ても、ほとんどはバカ正直に報告出来ないわけですよ。あまり大きな声では言えませんが、公表されている以上に、大阪でも多くのドライバー達が感染しているでしょうね」

全国でも類を見ない独特なタクシー文化が残る大阪。この経営者は、遠い目を浮かべ、絞り出すように思いの丈を吐露した。それは昨年以来コロナに苦しんできた者ならではの訴えにも感じられた。

「大阪人は〝現状維持〟を嫌う。どちらに転ぶかわからないならば、面白くなるほうを選ぼうという気質です。長く続いた自民党政権は、大阪に何の変化をもたらさなかった。そこに橋下徹元知事が出てきて維新の時代になり、私達のような中小企業の代表などからも熱狂的な支持者が出てきた。『大阪は変われる』という期待感があったんやろな。ただ、コロナ禍になって冷静に中身を見ると、変化に向けた勢いだけでなく、守っていくことも必要であると痛感した。変わらないでいることがいかに難しいか。今のタクシー業界のように明日もわからぬ世界に身を置く身からすれば、イソジンがコロナに効くだとか、大阪ワクチンだとか、さすがに府民をバカにしすぎているという怒りもある。私らね、笑えるアホは好きやけど、バカは嫌いですから」

　大阪のタクシー人に今必要なのは、大風呂敷を広げる改革者ではなく、商人達の意を汲む愛すべきうつけ者なのかもしれない。２０２５年に予定される大阪万博、頓挫が濃厚なＩＲ誘致など、経済に大きな影響を与えるであろう催事が控えている。街の活気指標の代弁者であるタクシードライバー達は、そんな大局ではなく、廃業に追い込まれ、失業した個人商店の数々に意識が向かうという。空前の好景気から、一気にどん底へ――。テナントの撤退も目立ち始めたミナミの表情は、まるで人生の悲哀を帯びているように映った。

第四章
トヨタ経済圏とタクシー

「トヨタ依存の街」

「トヨタ依存の街」――。

名古屋経済を形容する際、度々こんな表現が使用されてきた。日本の時価総額で2位以下を大きく引き離す東海地方の雄は、一企業の枠を超え、名古屋の景気に大きな影響を与え続けている。早い話が、トヨタ自動車が儲かれば街は潤い、転ければ景気が鈍る。日本中を見渡しても、これほど一企業の存在が経済の動きと連動する場所も稀有ではないか。この街のタクシードライバーに話を聞くと、自ずとそんな感想を抱く。

過去の歴史を紐解いても、全世界で36万人を超える従業員数が属するトヨタの浮き沈みは、タクシー業界と切り離せない親和性があった。

帝国データバンクが2019年に行った「トヨタグループ下請け企業調査」では、下請け企業の数は全国で3万8863社に上った。そのうち7211社を愛知県が占め、この数字は2014年の同調査の5976社からさらなる伸びを見せている。従業員数も29万6105人と、膨大な数だ。主要工場が集中する中部地方では、下請けとの間接取引企業の数も多い。これらはいかに、トヨタグループが愛知県の雇用に寄与しているかを示すデータでもある。

そんな日本のトップ企業が、創業以来初の赤字を出したのが2008年のリーマンショック時だ。約4600億円の赤字となった当時、関連企業や下請け企業で働く労働者達が職を失っている。不況になると人が集まるのがタクシー業界の習性でもある。世界金融危機に分類される2007～2010年にかけて、多くのトヨタ関係の従業員がタクシーへと流れ着いていたのもこの頃だ。カルチャーの街として観光地化した大須観音で拾ったタクシーのドライバー、駒田さん（仮名・60代）も、リーマンショックを経て、タクシー業界に転職した一人だ。

「部品工場の下請けにあたる某中小企業で働いていました。高校を卒業してから、勤続30年。それなりに条件がいいのもあったけど、何より世界のトヨタに関わる仕事をしていることが誇らしかったんです。スナックなどの飲み屋に行っても、トヨタの仕事をしていると言うとウケがよかったりもしてね。実はトヨタグループとの取引先は、中小や零細企業も多いんです。小さな町工場で、トヨタさんとの仕事だけをしているような。リーマンショックの時のように生産が止まれば、弱小企業は必然的に売り上げがなくなってしまう。あのときは、私のように職を失い途方に暮れた人も多かったですよ。実際に今の50代～60

代のタクシードライバーの中には、リーマンショック転職でドライバーになったという人も多いから」

名古屋のタクシーは儲かる。バブルの頃は、そんな流言が広まったこともあった。駒田さんも、転職時にはなんとなく稼げそうだという認識を持っていたという。

この認識はあながち間違いではない。

2018年度のタクシードライバーの年間収入の推計額では、愛知県は432万9300円と東京に次ぐ全国2位の数字を残している（全国ハイヤー・タクシー連合会調べ）。

駒田さんは、リーマンショック直後の売り上げは厳しいものだったと当時を回顧する。しかし、2011年頃から徐々に回復していき、2016年頃からは外国人などの観光客の利用も増え上昇傾向が続いていた。この頃は、年収ベースでも500万円を超えるようなドライバーが多かったという声も目立った。名古屋の特徴として、1万円を超える利用は決して多くない。それでも、継続的に短距離の顧客を拾えるのがこの街の強みでもあった。

「めちゃくちゃ景気がいいというわけではないけど、コンスタントにお客さんがいるというような感じかな。そして、夜だけではなく日中も比較的お客さんを拾いやすかった。地下鉄が東京や大阪ほど便利じゃなくて、駅から歩くことも多いから、『それならタクシー乗っちゃおう』という人も多い。トヨタ関連の企業が元気になってからは夜も動くようになった。お客さんとしてトヨタの人を乗せることもあるけど、意外と固くてね（笑）。タクシーチケットをバンバン切ったり、錦などで豪快に遊んでという感じじゃない。経営と一緒で堅実な人が多いという印象かな。あるとき、『昔、下請けをしてました』とトヨタのお客さんに話したことがあって。リーマンショックで転職したと言ったら『それはすいませんでした』と言われたよ。あのときの申し訳なさそうな顔は、忘れられないね」

新型コロナウイルスが拡大してから、筆者は2度、名古屋の街を訪れている。1度目が2020年の3月上旬。このときは名古屋ウイメンズマラソンの一般ランナーの参加が中止となるなど、既に宿泊施設などは寒波が迫りつつあった。通常で1万円を超えるシティホテルの宿泊が3000円弱となるなど、コロナの影響が顕在化していた。

インバウンド需要に乗れなかった名古屋の〝失敗〟

名古屋最大のタクシー乗り場とも言われる、新幹線口のタクシー乗り場に向かった。昼時で30台ほどが列をなしているが、利用者もまばらでなかなか動く気配がない。一目見て名古屋のタクシー業界の惨状が伝わってくる。名古屋の私鉄である名鉄グループのタクシーに乗り込んだ。名古屋城からほど近い場所で生まれ育ったという岡村さん（仮名・70歳）は、重い口調で街の現状を話し始めた。

「東京や関西から来たお客さんには、『名古屋は景気がよくて羨ましい』なんてよく言われる。それもいまだにね。だって、天下のトヨタさんがあるじゃないですかって。でもね、今回のコロナで街は完全にアウト。私達の売り上げでいうと、リーマンショックの時を完全に下回っています。今は朝からの日勤のみだけど、2万円に届かない日も多い。街に人がいないから私達もどうしようもないわけ。さすがのトヨタさんの神通力も、ウイルスには勝てません。この状況が続くと、小さいタクシー会社はどんどん潰れていくと思いますよ」

1982年にタクシードライバーとなった岡村さんの若かりし頃は、本人の言葉を借りるなら〝いきあたりばったり〟なものだった。

高校卒業後、名古屋市内の喫茶店で働いていたが、腕っぷしの強さを買われ、ナイトクラブの用心棒へと転身した。しかし、店側と揉めてあっさり退職。運送業やゴミの収集も経験したが、何をやっても長続きせず無職の期間も多かった。生活のためにやむなしに選んだタクシー業界だったが、これまでの職と異なり、車中で過ごす時間はまったく苦にならなかった。はじめて接客で人と話す仕事についた岡村さんにとって、ドライバーの仕事は新鮮であり、2年間無遅刻無欠席で働いた。1980年代初頭、タクシードライバーとしての稼ぎは、現代とは比較にならなかったと懐かしむ。

「昔なんか遊んでいてもタクシーで飯を食っていけた。それこそ適当にやっていても30、40万円くらいの稼ぎは毎月あったからね。名古屋ではタクシーの運転手は金持ちだなんて言われた時代もあって、親戚の集まりでもお年玉を弾んでいた頃もある。ところが、当時を知る私達からすれば、今のタクシー運転手は貧乏人だよ。年金ありきで、生活の足しになる収入くらいしか稼げない。それがコロナになってさらに半分になった感じですよ」

岡村さんがタクシー業界に足を踏み入れ2年が経つ頃、友人と大阪に遊びに行ったことを機に、名古屋から〝飛ぶ〟ことになる。数日間の旅行のつもりが、難波・千日前のパチンコ店に入り浸り、10万円の所持金は気がつけば20万円になった。その勢いで甲子園競輪場（※現在は閉鎖）で大勝負した結果、有り金を全部すってしまう。名古屋へ戻る交通費もつき、パチンコ店で住み込みのアルバイトを始めることになった。当時は既に結婚し、

2児の父でもあった。ギャンブルでお金を溶かしたという負い目から、妻からの連絡は全て無視し、周囲を巻き込んだ蒸発騒動が起きるまで大阪で働き続けた。

「高槻のパチンコ店で、3食付きの寮で1年半働いたかな。仕事は最高やったよ。給料もいいし、寮費を抜いても20万円くらいは手元に残った。ただ、嫁や子供が大阪に来て、『帰ってきてくれ』と懇願されて名古屋に帰ったんよ。20歳で子供ができて、家族のために働き続けた。でも、そういう生き方が向いてない人も世の中におるわけ。今思うとやけど、いろんな重荷から開放されて、羽を伸ばせる場所を探してたんやと思う」

名古屋に戻ったあとは、タクシードライバー一筋で働き詰めてきた。年齢を重ねた現在は、日勤のみの勤務だが、生粋の名古屋人として誰よりもこの街の変化を見守ってきたという自負もある。

「（繁華街の）栄や錦も、一昔前まではキャッチが山ほどいて繁盛しとった。けれど今はアカン。名古屋の中心といえば、かつては錦と女子大と住吉だった。それが、最近では名駅（名古屋駅）に人気が集まっていてね。居酒屋は安いし、スッと電車に乗れるから、特に若い子やサラリーマン世代に人気がある。名駅が栄えるのに比例して、19～22時頃のタクシー利用は激減した。すぐ近くに電車があるわけやから、わざわざタクシーを利用せんのよ。名古屋は結構小さい町だから、人が集まる場所は限られてくるわけ」

では、現在の名古屋の活気についてはどう見ているのだろうか。

「錦の街を見たら、だいたい名古屋の経済が理解できるというのが私らの認識。錦は高級クラブが集合していて、東京でいう銀座みたいな場所。通称〝キンサン〟って呼ばれている。それだけカネを生む場所という意味もあるみたいで。今はクラブ以外にも風俗とか、いろんな業種が入り乱れる地域になったけどね。錦の街が死に体＝名古屋の街はダメだということ。トヨタさんだけでなく、商社、製薬会社、紡績会社、メーカーと、この街の上客達がほとんど姿を見せなくなったから……」

名古屋タクシーの失敗の一つは、インバウンド需要や観光客を取り込めなかったことだ、というのが岡村さんの見方だ。それが名古屋人の気質だから、と自虐的に話した。

「東京、大阪の中間地点でありつつも観光的魅力に乏しい名古屋は、通過していく観光客も多い。インバウンドの恩恵が乏しかったぶん、ドライバーのうまみも少なかった。それは外国人に限らず、日本人も同じ。ワシみたいに名古屋で生まれ育った人間ですら、観光の魅力がある街やとは思わんから。グルメで人を惹くのも手やと思うけど、お客さんからは『手羽先や味噌カツ、煮込みうどんも、名古屋はB級グルメばかりで味付け濃すぎて舌に合わない』なんて言われることも多いな。よそ者が失礼なこと言うな、とは思うけど、こっちも『ひつまぶし食べてください』くらいしか言い返せへん（笑）。もっとうまく市や県で観光業に取り組んでいたら、状況は変わったはず。スポーツやイベントにしてもそう。中日ドラゴンズや名古屋グランパスの試合でも、普通の街なら人が動いて、タクシーも儲かる。でもここ何年も弱かったから、街が盛り上がらん。熱しやすく冷めやすい、これが名古屋人なんよ。あれだけ騒いでいた愛知万博も、今では誰も覚えてないくらいやから。だから、コロナで冷え切った人々の心が再び動く日はくるのかと不安が消えない」

雇用調整助成金を利用しない風土

それから筆者が名古屋に再訪したのが、２０２０年の10月のことだ。この頃は、少しずつタクシー業界の売り上げが戻りつつあった時期にもあたる。大阪の都構想住民投票の取材戻りに名古屋に立ち寄ったが、市の統廃合をめぐり熱気を帯びていた大阪とは対照的に、もの静けさが印象に残った。それでも、名古屋のタクシーの売り上げは徐々にだが、確実に回復の兆しを見せていた。

16社を統べる、愛知最大規模のつばめタクシーグループの車両に乗車する。表現の不自由展に伴うリコール運動など、何かと話題を振りまく愛知県知事・大村秀章の評判など世間話に終始していたが、自身の収入は底を抜けたと、ドライバーの声色は少し明るかった。街の活気に話が及ぶと、こんなことを話してくれた。

「名古屋人て、移動の際に地上を歩きたがらないんです。可能ならできるだけ地下を歩く習性がある。だから、他の地域から来た方は、あんまり人がいないですね、なんて言う人もいるけど実は違う。その証拠に、名古屋は地下に飲食店が多く並び、有名店も多かったりする。そして、結構繁盛していたりもするんですよ。路面店以外でも、地下のお店に行くことに抵抗がないというか。つまり、表面上よりも人は動いている。その理由ですか。私なんかはブラックジョークで、『日本最大の地下組織があるからじゃないですか』と勝手に思っています（笑）。地下に潜ることに抵抗がないというか」

このドライバーによると、秋には、売り上げが日によって4万円近い水準まで戻っていたという。その反面、街に出て気になったのが、名古屋を走るタクシーの台数がかなり多かった点だ。東京などでは供給過多の状況を避けるため、緊急事態宣言時などは通常の35％程度減を目指して台数調整を行っていた。一方で、名古屋はほとんど通常運転といった状況で、タクシーの台数が非常に多く感じられた。多くのタクシー会社が雇用調整助成金を頼った中、名古屋でこの救済制度を十分に利用しようとする社は限定的だったという。

名古屋市内のタクシー会社幹部がその実情を明かす。

「全国の多くの地域が助成金という〝助け舟〟にすがった中、名古屋はそうではなかった。名鉄タクシーグループやつばめタクシーグループといった大手を含む多くのタクシー会社は、雇用調整助成金を継続的に利用しませんでした。税金を正確に納めていなかったり、勤怠時間の厳守に違反したり、経費の水増しが平気で行われており、申請によりこれらが表面化するリスクが生じる。つまりコンプライアンス上の問題や、会社事情などで申請したくても出来なかった現状もあった。その煽りを受けたのが、現場のドライバーでもありました。稼働台数も多いゆえに、ただでさえ厳しい市場がより厳しくなった。当然、数字を求められても結果は出ません。特に夜勤や隔勤は夜に人が動かないので、給与は悲惨なものだった。だから隔日勤務を避け、最低保証額のみというドライバーが続出しました。結果的に、多くの人間がタクシー業界を去った」

乗務員の生活を守ることが未来に繋がる

名鉄タクシーグループとつばめタクシーグループ。名古屋のタクシーにおいて、この2社の存在感は圧倒的でもある。保有台数や歴史といったスケール感に加え、両社ともに不動産なども展開する複合経営でもあり、経営基盤も安定している。この2社に次いで、名古屋のタクシー業界で3位とみられるのが、フジタクシーグループだ。名古屋市西区に本社を置く同社は、創業64年の老舗ながら、新卒採用や固定給制度を取り入れ、名古屋でいち早く配車アプリを導入。「SKE48」などのアイドルグループや、地元アーティストのラッピングカーの運行など、攻めの姿勢で目新しいサービスを生み出してきた。

社長の梅村尚史氏（41歳）は、新卒で名鉄タクシーに入社後、2年でフジタクシーグループへと転職。父の跡をつぎ、34歳で社長に就任した経歴を持つ。2017年までは迎車料金なし、他社よりも最大4割も安い料金設定など、独自の経営方針を貫き勢力を拡大してきた。

管理職が全員ドライバー出身という同社において、コロナ禍で最も重要視したのは「いかにドライバーの離職を避けるか」という点だった。現在も毎月3000万～4000万円近い赤字が続いている状況だと、梅村氏は言う。そんな中でも12億円強の借り入れを行い、雇用を維持し続けている。

「2020年は年間4億円の赤字でした。年が明けた3、4月はこれまでで一番キツい水準まで売り上げは落ちている。それだけ経営状況は厳しい。ただ、タクシー業界で一番難しいのは、いい人材に会社に残ってもらうこと。育ったドライバーが辞めてしまうほうが長期的にみると痛い。特に我が社の場合、やる気のない方には遠慮なく辞めてもらいますし、精鋭が揃っているという自負もある。そのため最優先したのが、乗務員の生活を守ることでした。それさえできれば、コロナ後にチャンスがあると考え必死に耐えています。乗務員の生活を保つため、雇用調整助成金をほぼフルで使った会社は、名古屋ではほぼ私どもくらいでしょう。正直、このままコロナの感染が続くと、あと1年ほどしか会社は持たないかもしれない。コストを少しでも削減するため、間接部門は既に30人分ほど人件費をカットしてきた。そういった社内の事情は包み隠さず話し、乗務員も納得して働いてくれています」

フジタクシーグループでは、2012年からの7年間、業績は右肩上がりだった。ドライバーの平均月収もリーマンショック後に22万円まで落ち込んだが、2019年には28万円強まで伸ばしていた。これは年収ベースでは実に6万円×12か月で72万円の上昇となる。一乗車当たりの平均額は1400円程度ながら、隔勤の場合、一日平均28乗車を記録していた。ピーク時には、43乗車という驚異的な数字を残している。東京でも20乗車を超えてくると多いとされるだけに、一層この数字が際立つ。名古屋一の実車率の高さが上昇の土台を形成したといえる。

2012年以降は、多くの30～40代の若手が転職してきている。現在は隔日勤務制度を一時的に廃止していることもあり、日勤の若手の転職者も出てきた。コロナにより業界に出入りする人の動きも変わったと梅村氏は指摘する。

「リーマンショック時は、職を失ったドライバーがタクシー業界に流れてきた。不景気になると人が動くのがこの業界の力学ですが、名古屋の場合、コロナでは明らかにその動きが鈍い。少しずつ飲食などのサービス業からの転職者が増えてきましたが、まだ絶対数は少ないですね。これはトヨタ系の企業や、工場勤務の方々の職が守られていることを意味します。問題は雇用調整助成金が終わったときに、どう動くか。もしそこで失業者が溢れ、人が動くようなら我々にとってはチャンスでもある。ここで人材を確保できれば、近い未来に勝負できる」

「トヨタある限り、名古屋は大丈夫」

トヨタは2021年3月期の決算において、純利益が前期比10・3％増の2兆2452億円に上ったと発表した。役員も、「2022年3月期は販売台数の大幅回復も見越される」とのコメントを出している。現段階では、大幅な人員削減などの動きは見えていない。

だが愛知県も感染者の増加が止まらず、一向に街に人は戻っていない。企業人にとって、名古屋最大の社交場である錦は一部を除き休業。2021年に入ってからも、錦や栄などの繁華街は死に体の状態が続いている。先出のフジタクシーグループ・梅村氏は言う。

「名古屋では、錦などの夜の街の活気がタクシーを支えていた。昔から口を酸っぱくして、『錦の女性に選んでもらえる会社にしよう』と話してきました。東京のように乗り場から乗車するわけではないので、会社名で選ばれることが多くて、見る目も厳しい。『あの会社の車は絶対乗らない』ということもあります。錦の女性を敵に回すと乗ってもらえなくなるので、近距離のお客様ほど大事にしてきた面がある。それから10年ほど経ち、そういう方々の立場が上がってウチを選んでくれるようになった。これは、コロナ禍で助けになった部分です。錦を利用するのも、トヨタ関連の方やその接待などが多いわけです。街に人は動いてないですが、トヨタの業績がいいので、コロナさえ収束すれば人は戻ってくるでしょう。それまでタクシー業界が耐えきれるか。あくまで自論ですが、結局、名古屋はトヨタがダメなら、もう半分くらいがダメと思っていいでしょう」

フジタクシーグループは60年を超える歴史の中で初めて、人材紹介などの多業種も始動させている。コロナ禍がこれ以上長期化した場合を想定し、リスクを少しでも分散するためだ。一乗車当たりの損得分岐点は約2万4000円とされ、東京よりも1万円近く下がる。しかし、2021年に入ってからの売り上げは平均2万円以下で推移している。雇用調整助成金の恩恵を受けられなかった多くのドライバー。億単位の赤字を垂れ流す企業側。全国2位の給与水準を誇る街ですら、残された体力は限られているのだ。

それでも、彼らの声から他都道府県より悲壮さは感じなかった。「コロナが終われば人は戻ってくる」と前向きな意見すら聞こえてくる。その背景には、名古屋の屋台骨を支える、大企業の存在が見え隠れした。

トヨタが踏ん張っているから、まだこの街は大丈夫――。

業界を取り巻く人々は、一筋の光を感じ取っているのだろう。それはタクシーに限らず、名古屋の街の共通認識であるのかもしれない。

第五章
ロイヤルリムジン
600人一斉解雇騒動のその後

ドライバー達を襲った、晴天の霹靂

〝全員解雇のお知らせ〟

ロイヤルリムジングループ（以下、ロイヤルリムジン）で働く従業員に悲痛な知らせが届いたのが、2020年4月上旬のことだ。新型コロナウイルス蔓延に伴う急速な業績悪化による、唐突とした発表だった。突然の従業員全員解雇。都内のタクシー会社が行った600人解雇報道の余波は、確実にタクシー業界を侵食していた。

ロイヤルリムジンの関係者が当時の様子をこう回顧する。

「通常、解雇通知などはある程度、事前に伝えることが必要なはず。ところが、SNSで発表が行われ、我々に知らされたのがわずか1日前。正直、会社側はここまでの大問題に発展することは予測していなかったと思います。従業員を含め、世論を甘くみていたところがあった。突然解雇を発表し、思わぬ形で世間やマスコミが反応したことで、退職同意書も後から急いで回収しようとした。これまで買収によって拡大してきた会社で、本当の経営状況は経営陣しかわかりませんが、いきなり『会社都合で解雇します』と言われても納得できない人が出てくるのは当然です」

これまでの章でも触れてきたが、当時のタクシードライバーの収入は悲惨なものだった。売り上げは半減し、歩合給は雀の涙になりつつあった。当然、企業側の赤字も膨らんでいた。後に大多数の企業が利用する雇用調整助成金も、まだ試行段階だった。2020年5月11日時点で、20万件以上の相談件数に対し、実際の支給決定件数は4500件余りに留まっていた。相談から申請に至るまでの手続きも難しく、このときはまだ十分に機能しているとはいえない状況であり、給付まで体力が持たない企業も現れた。

ロイヤルリムジンも、そんな企業の一社だった。そこで打たれた手が、全員解雇することで企業を存続させ、従業員の給与が下がり切る前に失業手当で凌ぐ、という手法だった（※編注・失業保険給付は「退職前の6か月間の給与」の約50~80%が相当）。

世間を騒がせた一斉解雇については、ロイヤルリムジンだけの問題に留まらない。

こうした問題はロイヤルリムジン以外のタクシー会社にも起こっている。東京・国分寺市に本社を置く龍生自動車は4月15日、新型コロナウイルスの影響による業績悪化を理由に、従業員33人全員に解雇を通告した。4月8日のロイヤルリムジンの騒動から、わずか1週間後の発表だった。5月8日、龍生自動車の従業員らは、解雇は不当だとして地位確認の申し立てを東京地裁に起こしている。

また、仙台でも新型コロナウイルスの影響による業績悪化を理由に、タクシー会社「センバ流通」(宮城県塩釜市)を解雇された運転手4人が、会社側に従業員としての地位確認や賃金の支払いを求めた仮処分を申し立てている。仙台地裁は8月21日、4人の解雇を無効として、うち3人に休業手当相当額の一部を支払うよう会社側に命じた。

5月30日付の山陽新聞では、「サンタクシー」を運行する地場タクシー大手・八晃運輸(岡山市中区平井)が新型コロナウイルスの影響で売り上げが激減し、グループ3社の運転手の半数に当たる約100人を5月末で解雇したと報じている。

これらはほんの一部であり、コロナを遠因に職を失ったドライバーは珍しくない。ロイヤルリムジンの一斉解雇は、あくまで始まりでしかなかったのだ。

ロイヤルリムジンについては当初、失業保険給付を受給させせて再雇用を図るという〝美談〟のように取り扱われていた。だが、その計画性のなさから、むしろ綻びが目立ち始めたのだ。

同社は、従業員に失業手当を速やかに申請するためという理由で、解雇発表後に「退職合意書」の提出を迫り、形式上は合意退職として事態を収めようとした。ところが不当解雇に当たると従業員たちが不服申し立てをし、団体交渉に突入。団交はその後数か月間に及ぶこととなる。

一部の従業員は地位確認を明らかにするため、同社の金子健作社長に解雇撤回を求めた。ロイヤルリムジン側は発言や態度を二転三転させ、結果的に解雇撤回を労働組合に伝えた。

その後、解雇は無効だとして従業員としての地位確認を求める仮処分を申し立てていた従業員81人は、生活困窮で訴訟継続が困難になったという理由で5月11日に訴えを取り下げた。

そんな状況下でも、同社は傘下の目黒自動車交通で5月16日から一部の事業を再開。そのことが、批判を強めることになる。失業手当の濫用ともとれる経営判断は、失業保険制度の問題点も噴出させた。不正受給の可能性を指摘する専門家もいた。このような危機に直面したとき、窮状に陥るのは立場の弱い従業員だった。

これらの申し立てとは別に、70代ドライバーの男性は4月28日、ロイヤルリムジンの金子社長ら役員2人に対し単独で220万円の損害賠償を求めて提訴している。この男性は5月初旬、代理人である馬奈木厳太郎弁護士を通し、筆者に以下の言葉を寄せた。

「これは会社と私個人だけの問題ではありません。このような事例を認めてしまえば、第二、第三のロイヤルリムジンが出てくる可能性もあります。さらに言えば業種問わず、同じような状況が全国に広がっていく危険もある。団体交渉で解雇を撤回したという報道も聞きましたが、それで済まされる問題ではない。従業員の収入や生活に対してどう考えているのでしょうか」

同時期に馬奈木弁護士は、筆者にこのように話した（２０２０年5月時点）。

「本来であれば、解雇のために使用者は解雇の理由となる経営状況を説明する義務があります。ただ、ロイヤルリムジンの経営陣は具体的な数字をもって解雇者に明示することを放棄している。また、（解雇回避努力義務の履行のために）代表や役員の報酬のカットなど、考えうる対策を講じたかも不透明です。具体的な経営実態がわからず、客観的な判断ができない状況です」

その後、ロイヤルリムジン側と男性の間では和解が成立している。だが、一連の騒動の中で企業側と一部の従業員側には大きな溝が生まれていたのは紛れもない事実だった。理由の大半は、不当解雇に当たることと、誠意が見られないことの2点だった。

子会社の内部文書から浮かび上がった不審点

経営不振による従業員の解雇を整理解雇といい、その有効性の判断基準として「整理解雇の4要件」というものがある。

使用者側の事情による人員削減には、①人員整理の必要性があること　②解雇回避努力義務の履行　③被解雇者選定の合理性　④解雇手続きの妥当性が求められる。

だが、ロイヤルリムジンには解雇との整合性が見受けられない点が複数あった。

その最大の事案といえるのが、ロイヤルリムジンが2020年4月3日付で、兵庫県三田市に拠点を置くファイブスタータクシーを買収していたことだ。

筆者はファイブスタータクシーが従業員に向けた買収に関する内部資料を入手したが、親会社となったロイヤルリムジン側から管理者が来るという記述も明記されていた。

この買収により、ロイヤルリムジンは、東京都に5社、兵庫県に2社のタクシー業者を子会社として持っていたことになる。果たして、600人の解雇という判断をした会社が直前に企業買収をする判断は正しいのか疑問が残る。

さらに、買収されたファイブスタータクシーは、買収からわずか10日後の4月14日に、従業員に対し雇用対策の通知を書面で行っている。その書面も同様に入手したが、そこには休業、離職、継続と3つの項目が記されていた。内容を読めば、「会社の存続ができない状況」ともいえる厳しい経営状態と乗務員への待遇悪化がみて取れる。これらの手法はロイヤルリムジンと酷似していた。ファイブスタータクシーの関係者は、こう打ち明ける。

「いきなりの通知で驚きました。ましてや、買収が発表されて間もないタイミングで不安が募っていましたから。市場環境や会社が厳しいのは十分承知しています。これは、本質的には体《てい》のよいリストラみたいなものですね。既に会社を去った従業員もいます。会社側が人的資源の価値を過小評価している。その認識がタクシー業界の賃金水準の低さや、仕事への誇りの低さに繋がっていることが、ただただ悔しい……」

突然グループ傘下になったかと思えば、親会社の都合で遠回しにリストラ案を提示される。ファイブスタータクシー関係者の訴えは切実だった。ロイヤルリムジンの経営判断が、多くのドライバーや業界全体に大きな影響と混乱を及ぼしたことになる。

ファイブスタータクシーに質問状を送ると、ロイヤルリムジンの意向によって雇用対策の通知書を送った件について「弊社としては無用な賛否両論を避けさせていただきたく、コメントを差し控えさせていただきます。また、従業員に対しては常に回答できる体制を整えておりますので、貴殿に対する回答は控えさせていただきます」との回答だった。

取材したロイヤルリムジンの関係者の中には、「失業保険給付を盾にした解雇は確信犯的だ」と述べる者も少なくなかった。金子氏に過去に類罪があったからだ。「週刊文春」2020年5月21日号掲載記事「TV取材ではボロボロスーツ　全員解雇タクシー社長の裏の顔」の中で、金子社長の知人がこんなコメントを寄せている。

「金子社長はタクシー会社の買収を繰り返しては拡大させてきた。よく『タクシーは儲かる。東京五輪もあるから日銭も入る』と言っていましたね。2014年に経営難のタクシー会社を買収した際も、再雇用を約束して従業員を解雇した。多額の債務を逃れるために、人員整理して失業保険を給付させたのです。当時はすぐ再雇用しましたが、雇用を軽視している点は同じ。私には、社長のしていることは世間知らずのお坊ちゃんの会社ごっこのようにしか見えません」

解雇報道が出た後、多くのメディアが金子氏への取材を試みた。コロナ禍の労働者問題については明日は我が身であるだけに、経営者として説明責任を追及されるのは当然の理だろう。だが、テレビ東京を除けば、一部新聞の取材に応えた程度で多くを語らなかった。マスコミ各社の中には、渦中の金子氏の対応に怒りを滲ませる者もいた。

筆者が会社へ問い合わせても、金子氏本人の携帯に何度か電話しても、「今は答えられない。時期が来たら」という回答に終始していた。そうして約2か月が経過した6月、テレビ東京系の番組『カンブリア宮殿』で金子社長の密着取材が放送された。

「非常に重い決断をしました。4月7日付でみなさんを一斉解雇することになりました。今この時点で失業給付金を貰えれば、みなさんの貰える金額が多くなる。会社が復帰した場合、一人でも多くの方に戻って頂きたい」

そう涙ながらに訴える番組冒頭の発言に対して、従業員の反応はさまざまだった。判断を支持するという者もいれば、罵声を浴びせる者もいた。英断なのか、それとも——。そんな煽りに反し、番組の放送内容は金子社長側に寄り添ったものである印象を受けた。ほどなくして、ロイヤルリムジン問題は風化した。多くのニュースがそうであるように、燃料として一時的に消費されたあとは、人々の記憶から消え去りつつあった。

ロイヤルリムジン代表・金子氏への独占インタビュー

2020年の秋頃には風の便りで、同グループが本格的に再開の動きをみせているという話が聞こえてきた。筆者はタクシー業界を取材する者として、どうしても本人の肉声を拾いたかった。以降も何度か取材申請をしたが、取り付く島もなかった。ところが、2021年2月に金子氏の携帯に連絡をしたところ、一転、取材について快諾を得た。

金子氏を巡る評判は二分されていた。例えば都内のあるタクシー会社代表は、「タクシー業界を本気で変えたいと思っているのは川鍋一朗（日本交通会長）と金子さんだけですよ。ただ脳内が超合理主義でやり方が強引だから、反発も大きい」と話す。

その一方で別のタクシー会社代表は、彼らはハゲタカのようなものだ、と断罪する。

「彼のやり方は保険がかからない高齢ドライバーばかりを狙って採用し、コストを抑えて利益を出すという手法です。業界の集まりにも顔を出さず、社交性もない。同業者の中には、『アイツとは付き合うな』という人もいるくらいです」

『カンブリア宮殿』放映後、金子氏はどのメディアでも口を開くことはなかった。記者的な表現を使うなら、「独占告白」に当たるだろうか。だが、そんなことよりも業界で金子氏の話を聞くたびに、一度自分の目でその人間性に触れたいという思いのほうが日に日に強くなっていた。

1975年、兵庫県で生まれた金子氏は神戸市で育ち、慶應義塾大学商学部へ進学。実家は金融会社を営む裕福な家庭だったという。その後、1年強のアメリカ放浪を経て、2001年に不動産事業を中心に展開するアイビーアイを起業。2008年にロイヤルリムジンを設立し、タクシー業界に参入した。多くの会社が世襲であることに対して、金子氏のように別業界から転入した経営者はほとんどいない。

600人の生活を一度に壊した経営者であることは確かだった。反面、業界に風穴を空けるのは、彼のような馴れ合いをよしとしない、唯我独尊の合理主義者であるのではないか、というほのかな期待も持ち合わせていた。苦境にあえぐタクシー業界を取材して肌で感じたのは、金子氏のような〝劇薬〟も必要ではないかと思うこともあった。

2021年2月某日。取材場所に指定された、亀戸水神からほど近い事務所には、従業員の姿は一人も見当たらなかった。荷物が散乱し、閑散とした事務所に一人佇む姿は、どこか哀愁を感じさせた。

「平日は東京の一泊2000円台の格安ホテル暮らし。土日に帰れるときは、芦屋（兵庫県）の自宅にとんぼ返り。営業再開が決まってからは、そんな生活です」

金子氏は、筆者を招き入れるなり現在の生活をそう説明した。このとき、ロイヤルリムジングループは5社が営業を再開し、2021年3月には新たに目黒自動車交通葛飾営業所をスタートさせている。

　葛飾営業所の開業準備に追われ、離職者続発により空洞化した会社の穴を埋めるため、ほぼ一人で全ての業務に当たっていた。表情からは、疲労の色を色濃く感じさせた。

　取材時間は当初約束していた1時間を大幅に超えたが、金子氏はこちらの質問には全て真摯に応えてくれた。

　以下、２０２１年３月20日に東洋経済オンラインで配信した拙稿「『失業給付勧め、６００人解雇』のタクシー会社の今」から転載する（表記、体裁は掲載時のもの）。

――一年が経過した今、改めて６００人解雇騒動を振り返ってみていかがでしょうか。

筆者の幾度にわたる取材申請をついに受諾したロイヤルリムジン代表・金子氏

当時はやむをえずああいう形になりましたが、結果的に会社は何とか倒産を免れました。タイミングが少しでも遅れていたら、営業再開は叶わなかったと思います。奇跡的に今の状況がある、と。報道の中でも、「ほかに選択肢はなかったのか」と問われましたが、何度もシミュレーションし、さまざまな手を尽くしたうえでの経営判断でもあった。

2020年は東京五輪へ向けて、営業権、車、設備投資、銀座営業所の開設などに約7億円を投資し、勝負の年だと位置づけていた。それが新型コロナウイルスの影響で2月ごろから売り上げが激減し、乗務員さんの生活が貧窮していった。そんな状況もあり、2月時点では希望者全員に緊急貸付金の10万円をお支払いしたんです。

3月に入るとさらに急激に売り上げが落ちていく中で、資金が底をつくまでに追い込まれた。3月末に残っていた資金はわずか3600万円で、とてもじゃないですが来月以降、600人の給料を支払える状況ではありませんでした。決断したというより、正直これ（600人解雇）しか選択肢が残されていなかった。

——とはいえ従業員の中には事前説明ができなかったのでしょうか。「急すぎる」という声もありました。

3月半ばのグループ本体の中で会議をし、緊急性があり、一刻を争うという結論に至りました。会社都合でいえばもう余力がない。乗務員目線でいうなら、今ならまだ失業保険を高い水準でもらえて、生活の足しになるはずだ、と。ほかの職種に比べ、他社へ転職しやすいのがこの仕事で、ほぼ１００％再就職できる。合理的に考えるなら同意してくれるはずだ、という私の考えも根底にありました。ウチで続けても低い休業手当で飼い殺しのような状態になることは目に見えていたので。

ところが皆さんに説明する前に先に報道が出てしまい、後付けの形になってしまった。そこに会社の前で出待ちしていたテレビ東京の取材クルーが説明についてきて、という流れです。私の判断や準備不足が招いた結果でもあり、真摯に受け止めています。その後、解雇に合意いただけなかった乗務員さんとは話し合いを何か月も重ね、最終的には95％以上の方が同意していただきました。

――解雇報道の直前に、兵庫県のファイブスタータクシーを買収していたことが批判に拍車をかけました。買収の経緯について聞かせてください。

２０１９年の12月に、知人を介して「兵庫のタクシー会社が売却を考えており、相談したい」という話がありました。当時はグループの数字も落ちていないイケイケの段階で、買収の方向で話がまとまった。ところがコロナがおこり、直接ウチから資金は出せなくなった。それでも現地に出資者が見つかり、タクシー業界と関係ない方だったので、形式上、当社に受け継ぎだけ行われたということが正しい経緯です。

誤解がないようにいえば、私は代表ではありますが、ウチのようなベンチャー企業は複数の投資家の資金により成り立っています。つまり、投資家の合意が得られないと、代表といえど、単独で買収などの決定はできないということです。現在もファイブスタータクシーの経営は現地の方に任せたまま、私自身はほぼ関わっていない状況です。

――現在のロイヤルリムジングループの運営状況は。

5~8月は目黒交通の数台を除けば、完全休業状態でした。交渉の末、ガスや諸経費などの各種支払いを待ってくれる業者がでてきて、再開の見通しが見えてきた。資金の援助もあり、昨年9月に台数、時間を限定しながら5社の営業を再開できました。現在もグループ全体で東京5社、兵庫1社(ファイブスターを除く)が稼働しています。

といっても、営業的には億単位の赤字が続いている。やればやるだけ赤字を垂れ流す状況で、夜は休業しています。最も効率的なのは全休業ですが、雇用調整助成金のおかげで何とか営業ができている。

――解雇者を含めた人に関しての動きはいかがでしょうか。

65歳以上の方に関しては90％以上が当社に戻って来ていただけました。グループ全体でいうと、600人の解雇の中から約200人が復帰しています。

正直にいえば、ウチの厳しい状況のなかで、これだけの方が帰ってきていただけるとは予測していませんでした。その点は本当にありがたかったです。だからこそ絶対に復活して成功しないといけないし、責任がある。

――200人の戻ってきた乗務員の反応は？

「ああいうことはもう二度とないですよね？」というのが、おおむね第一声でした。それだけご家族を含めて、不安を持たせてしまったということでしょう。これだけ帰ってきてくれる方がいなければ、無理をしてでも営業再開するエネルギーが湧かなかったかもしれません。従業員の方との接し方をあらためて振り返ると、経営者として反省すべき点が多かったと思います。

――反省すべき点とは。

私の行動や理念はすべて、「いかに経済合理性を突き詰めるか」という点に尽きるんです。ベンチャーで不動産営業の仕事を続けてきたことがあり、営業にしても経営にしても、「成績を残せない人間、金を稼げない人間は価値がない」という環境に身を置いてきた。

タクシー会社を始める際も、投資対象として捉えていたというのが正直なところです。タクシー業界では売り上げが上がる会社に人は集まるし、給与が高い会社に人に集まるだろう、とシンプルに捉えていた。だから、拡大、拡大で後ろを振り向かずに進んでこられた。

今回、組合や従業員との話し合いで罵声を浴びながらも、「彼らが何に怒っているのか」という本質的なことに気づけていなかったんです。失業保険をもらって転職や再就職するという選択が従業員にとって最善だと考え、数字を提示して、説明しましたが、まったく意見が噛み合わなかった。

――具体的にはどういった部分で齟齬が生まれたのですか。

話し合いを重ねていくと、給料や待遇だけではない、人間的な温度やつながりを重視している方がいることがわかってきたんです。目から鱗というか、ハッとして。あ、こういう方もいらっしゃるんだと、根本的な発想が間違っていたことに気づいたんです。

今でも7割の乗務員の方が経済合理性を求めていると思っていますが、大切なことはそうでない3割の方もいらっしゃるということです。世間からすれば当たり前のことかもしれませんが、私にはまったくそういう視点や発想がなかった。本当に皆無だったんです。

これまでは組合の存在意義などを深く考えることもなかったですが、3割の方のために組合があるとも感じた。その反面、戻ってきてくれた多くの割合を占めるのが彼らですし、そういう方が実はいちばん会社を愛してくれていたんだな、と。

６００人解雇の一連の流れの中で、最も学びとなったのは人の心の機微の部分ですね。数字だけでなく、個々の考え方を尊重するという、経営の重みを知ったことで事業に対する考え方も変わってきました。

――現状のタクシー業界では国の規制によって新規参入が難しく、拡大するためには買収という選択肢しかありません。

ウチも最初は10台で新規参入しました。その後台数を増やせないという特別措置法が通ってしまって、国を相手に裁判をしましたが、敗訴となった。「一部の既得権益を守ることを重視して、自由競争でないのか」と、どうしても納得できなかったんです。そこで火がついた面もありました。成長していくことを唯一の源泉としていた部分があり、集まってくれるのもそういう野心を持った方々でした。

ただ、ここまでのパンデミックに対して予測や準備はしていませんでしたし、非常時の備えという概念に乏しかった。そこは私の甘さであり、ウチの弱さだったとも思います。

――このタイミングで、新しい事業所を開業した意図を教えてください。

1月中旬に乗務員全員解雇のうえ廃業した会社があり、そこの社員さんから「何とかなりませんかね」と相談があったんです。自分でいうのもなんですが、私は異常にメンタルが強いのかもしれません。だから騒動時の批判も受け止められたし、これ以上失うものもないわけで。ウチのような規模の会社が利益を出し、投資家のリターンを考えるとある程度のスケールはどうしても必要となる。リスクを取ってでも先を見越して新しく営業所をスタートする運びになりました。

驚くことに面接には80人以上の方に応募いただいて。良くも悪くも名前が売れたことで、人は集まりやすくなったのかもしれません（笑）。

30台からのスタートとなりますが、人は満員近くまで集まりました。今はグループ全体の稼働台数を減らしていますが、5月頃までに何とか600台に戻したいと思っており、資金面での算段がついたという段階です。

――状況的にこれまでと同じ経営方針では成長を続けるのは難しい側面もあるかと思います。

以前は、例えば5万円と売り上げ目標を決めたら、何がなんでも5万円を達成する、というスタイルでした。ところが、今はどれだけ頑張っても3万5000円しか売れない。

今後もこの傾向は続く可能性もある。それなら、その金額からいかに収益を上げるか、という考え方に変わってきた。

具体的には営業所の人数や業務フローのオペレーションを最小限に減らし、超ローコストタクシー会社として収益モデルを変える。配車に関してもアプリでカバーできますし、削れる部分は残っている。最小限の人数で営業所を回して、小さな事業所をドミナントで増やしていく。構造改革を行っていかないと、延命を続けるだけになってしまう。これは自社だけではなく、タクシー業界全体にいえることでしょう。

――今後のグループの展望は？

先ほど述べたようにドミナントで営業所を増やしていく予定ですが、エリアは東京と兵庫しか考えていません。すでにコロナ禍で体力が持たないため売却を考える事業者さんは、水面下でかなりの数が出てきている。見方を変えれば人員獲得、事業拡大のチャンスでもあるわけです。そして、ウチのようなベンチャーだと景気の回復傾向が見えてから動くのでは遅い。厳しい状況は続くでしょうが、何とか耐え忍び、攻めの姿勢は崩しません。

「私達は金子社長を許すことはない」

記事を掲載した後、「Ｙａｈｏｏ！」のトピックスに選出されたこともあり、騒動で職を失ったロイヤルリムジン関係者やタクシー関係者から複数のメールが筆者に届いた。

「記事中の金子社長の言い分は嘘ばかりだ」

概ねはそんな恨み節の数々が綴られていた。それらを見るたびに、この問題が単なる解雇では終わらない根深さを痛感した。

正直に言うと、前出のインタビューにおいて、金子氏が話した内容が全て真実だとは思わない。例えば、従業員の事前説明については、従業員一斉解雇を決定したのは4月5日付の臨時役員会だったとの声もある。そこから時間がなく、従業員の説明を省き、即座に行動を移したであろうことが推測できる。

そして、10万円の緊急貸付金も時期はまばらで、話すらなかった事業所もあり、「そんな話は聞いたことがない」と訴える者もいた。事前に説明会の前に報道陣がいた、という点も関係者からの話を総合すると、おそらく懇意のメディアをそこに選別していたという確率が極めて高いと踏んでいる。

それでも金子氏の発言をあえて原文に近い形で記したのは、読み手に発言の成否の判断を委ねたかったこと。そしてここに、金子氏の考えが顕著に表れていると判断したからだ。

経営者の評価は表裏一体であり、いくら関係者に取材を重ねたところで正しい人物像を把握することは難しい。時間を置いた今では、金子氏が話した「私の行動や理念はすべて、『いかに経済合理性を突き詰めるか』という点に尽きる」という発言に騒動の根本原因が集約されている気がしている。

その信念を貫いて来たからこそ、規制が厳しく、後発からの規模拡大が極めて困難なタクシー業界において、存在感を放つに至った面もある。その可否はさておき、65歳以上の職にあぶれた高齢者の雇用をつくり、200人がロイヤルリムジンに戻ってきたのも、また現実である。

一方で、ロイヤルリムジンを去った乗務員は今何を思うのか。中でも現在も無職の状態が続くという高山さん（仮名・70代）の夫人は、筆者に寄せたメールでその強い憤怒をあらわにした。

「主人は、事件のショックと、裁判でのストレスで、ある種のＰＴＳＤに近い状態になっています。他にも、会社を去った、残ったかを問わず、多くの方が心に傷を負った。泣き寝入りをする気は到底は無いです。金子氏は経営者としては、それなりの資質はあったでしょう。しかし、経営者ということは、人間を雇う事は免れません。人を雇うことに対する責任が、著しく欠落していたがために今回の事が起きた。そう考えています。あまりにも人的資産を軽視しすぎた。全てはこの一言に尽きると思います」

英断か、単なる独裁者か。その判断を下すのは、少なくともマスコミや第三者ではない。仮にその権利があるとするなら、ロイヤルリムジンを含むコロナで憂き目にあったタクシー業界の経営者やドライバー達だけだろう。

金子氏は現在も投資家や銀行筋への金策に走り、乗務員集めや新営業所の設立のため精力的に活動している。その一方で、600人解雇の当事者にとっては、苦痛を抱えたままの生活を余儀なくされている者もいる。

「私達は金子社長を許せない。それはずっと変わらないだろう」

胸にのしかかった彼らの苦悩の重みは、今も消えることはない。

第六章

タクシー配車アプリは業界の救世主か、破壊者か

旧態依然とした業界に激震をもたらした〝黒船〟

ＩＴ化とは無縁のように思えたタクシー業界に〝黒船〟が到来したのは、２０１３年のことだ。世界中で急速にシェアを拡大していた配車アプリ、ライドシェアサービスなどを展開する米国の「Uber Technologies」が、本格的に日本への進出を宣言したことが発端となっている。業界内では「ウーバーショック」と呼ばれ、一つの時代の区切りともなった。世界中でも賛否が分かれる同社のサービスだが、世界の９００都市以上で展開するなど、もはや日本でも無視できない存在となりつつある。

以降、キャッシュレス化、電子決済、配車アプリなどユーザーの利便性は格段に向上することになるのだが、日本のタクシーにおいてＩＴ化の動きは鈍かった。理由はタクシー業界の猛反対により、Ｕｂｅｒを含むタクシーアプリへの強烈なアレルギー反応が明らかになったからだ。いち早くＵｂｅｒアプリを配車に導入したある企業の代表は、当時をこう振り返った。

「みんなが右を向けば、右に倣えがタクシー業界の昔から変わらぬ体質です。ウチがＵｂｅｒを導入した際は、『Ｕｂｅｒにタクシー業界を乗っ取らせるつもりか』『独自で勝手に決めてどういうつもりだ』と同業者から猛バッシングを受けた。それだけでなく、県のタクシー協会や組合からも過度な追及を受けました。つまり、Ｕｂｅｒがライドシェア（相乗り）を目的に日本に乗り込んできたことで、タクシー業界が侵略される、という危機感が強まったんです。結局規制の影響で、Ｕｂｅｒはタクシーと提携して配車アプリを主軸にしたビジネスに方向転換しましたが、業界からみればどこまでいっても『敵』なわけです。ユーザー側の立場に立って物事を考えるのではなく、あくまで自分達が生き残るために排他的な行動をとった。そういう風習がいまだ強く残っています」

タクシーがＵｂｅｒなどのライドシェアビジネスに淘汰される――。そんな懸念は日本に限らず、世界各国で同様の現象が起きた。これは自分達の食い扶持が減少する可能性を含むことを考えれば、当然起こりうる抵抗でもあった。特に法的な規制が厳しい日本での反発は凄まじく、２０１９年には４００台のタクシーが経済産業省の前に集まり、ライドシェア反対のデモを行ったほどだ。

帝都自動車交通・会長の神子田健博氏は著書『タイヤ以外、何に触れても事故である。帝都自動車交通、〝絶対安全神話〟への挑戦』（ダイヤモンド社刊）の中で、Ｕｂｅｒの問題点をこのように記している。

「運行管理にまったく意を介さない米国の会社の、それも二種免許のない一般人の運転する車に、ほんの短い時間だとしても、大切な命を預けられるでしょうか。当社のもっとも重視する『安全・安心』とは対極をいくこうした動きには、大きな懸念を禁じえません」

ライドシェア解禁の是非を問う議論は、以前よりも活発化しているが、実現にはまだかなりの時間を要するという見方が妥当だろう。Ｕｂｅｒの関係者が語る。

「規制が厳しい日本の市場で苦労するのは目に見えていたが、正直ここまでとは予期していなかった。世界的にみてもこの拒否反応の強さは珍しい。Ｕｂｅｒに限らず、デジタル化全般に対して高いハードルを感じた」

だが、そんな業界の体質すら変えたのがコロナウイルスでもあった。事業者のみが閲覧可能な、東京都特別区3地区の「輸送実績表」によると、一度目の緊急事態宣言が発令された２０２０年4月には迎車割合が前月から一気に倍近くまで伸びていた。資料を見せてくれた事業者の代表は「特にアプリでの配車割合の伸びが圧倒的だった」と話す。

一般社団法人東京ハイヤー・タクシー協会の調べによれば、２０１４年度のアプリ参画事業者は１６８社、台数は1万２５３４台で全体比率の45％に留まっていた。ところが、２０１７年度には２０３事業者へ増加し、車両数も1万７３２０台に急増。全体比率は62

%まで上昇している。

現在はおよそ75%に数字が及ぶと言われるほど、直近5年間でアプリ配車を取り巻く市場の意識は大きく変わりつつある。ICT総研の需要予測では2020年末時点での日本国内のタクシー配車アプリの利用者数（ユニークユーザー数）は858万人と推計しており、2021年末には1110万人、2022年に1346万人、2023年末に1573万人になると予測している。

これまで敬遠されることも少なくなかったアプリ配車は、ドライバー達にとって貴重な売り上げ源となっていった。緊急事態宣言が明けるとこの伸び幅は緩やかになるが、それでも高い水準で推移した。

「もともとタクシーアプリの導入には大反対でした。2、3年前までは『アプリに業界が食われちゃう』という否定的なドライバーも多かった。それが今では、アプリ配車をうまく活用できているドライバーと、そうでない者の営収の差は大きくなってきた。特に去年の緊急事態宣言を区切りに、目に見えて増えてきたから。アプリを厄介者扱いしていた私の中でも、コロナ以降は救いへと変化したから皮肉だよね」

筆者の知人のタクシードライバー（50代）はその複雑な心境を吐露した。三度目の緊急事態宣言が発令され、流し営業の数字が絶望的な現状である一方、アプリ配車が乗車回数の3割近くを占める日もあるという。

配車アプリ市場は、もはやタクシー界に残された数少ない成長分野でもあるといっても過言ではないだろう。

その反面、実に10社以上の配車アプリが乱立している。まさにタクシーアプリの戦国時代とも呼べる様相だ。日本交通がＤｅＮＡと合同で立ち上げた「ＧＯ《ゴー》」は、10万台と提携する業界最大手であり、そのスケールメリットを活かして急拡大している。国際自動車は自社アプリ「フルクル」を開発。関西を中心に展開するＭＫグループも自社アプリをリリースしている。配車アプリの開発には、ソニーやソフトバンクといった名だたる大企業も進出しており、市場への投資額も高まっている。

全体の構図をみると、都心部に強い「ＧＯ」と地方に強い「ＤｉＤｉ」の2社が上位争いをしており、そこに続くのがＵｂｅｒといった見方が妥当だろうか。今後は淘汰される社や生き残る企業の差が明確になると予測される。

「ＧＯ」を運営する株式会社「Mobility Technologies」（ＪａｐａｎＴａｘｉとＤｅＮＡタクシー配車アプリ旧「ＭＯＶ」開発部門などが統合）代表取締役社長・中島宏氏は、現在のアプリ配車市場をこう分析する。

「昨年10月の時点で統合前の『ＪａｐａｎＴａｘｉ』と『ＭＯＶ』の合算で過去最高利用件数を超え、以降も好調な伸びが続いています。アンケートなどの市場調査の結果、コロナ禍での消費者行動の変化が背景にあることがわかりました。一つは、非接触が好まれるということ。電車よりもタクシーは密集度が低く、さらにアプリだと非接触決済が可能です。もう一つは流しのタクシー利用の際にも、列に並ぶなど路上での接触を減らすためにアプリ配車を利用する割合が増えてきたことが挙げられます。これまでの電話予約、流しの領域にアプリが食い込んできている形です。一度アプリを使った顧客が定着することはわかっていました。そのため各社は、初回ユーザーへのアプローチに苦心していた。それが今はユーザーのほうからアプリに来てもらっているという状態です」

　東京都のタクシーの売り上げは流しが約5割、配車が残り5割程度と言われている。地方都市に行けば流しの割合が3割、配車が約7割で、過疎エリアになるとその比率が1対9程度になる。中島氏によれば、２０２０年時点では東京都におけるアプリ配車の割合は売り上げ全体のわずか2％に過ぎなかったという。

「当初、一番苦労した点が、アプリ導入により20年、30年と続いてきた業務フローが変わることに抵抗を感じる企業さんが多かったことです。しかし、2013年の『Uberショック』で、タクシー会社に危機感が生じた。そこにコロナショックによる売り上げ減で、導入台数が伸びていきました。まだまだ東京だけでも未開拓な市場が残されており、このままいけば数年でアプリ配車が10％を超えてくることは明らかです。特にこれまでタクシーを利用しなかった層が、アプリをきっかけに流れてきている点はポジティブサプライズでもあった。この層を伸ばしていければタクシー業界全体の底上げにも繋がり、そこは我々の使命としても、重要度を高く位置づけています」

配車アプリがアフターコロナのタクシー業界にもたらす可能性とは

この一年間で多くのドライバー達に話を聞いてきたが、先述したようにアプリ導入を含むＩＴ化に対しては反対意見も少なくなかった。ユーザー側ではなく、タクシー業界内の〝見えざる壁〟があまりに高かったともいえる。当然、受け手となる企業側にもアプリ導入がすんなり受け入れられたわけではない。世界的にみても高齢化が著しい日本のタクシー乗務員に、デジタル化へのシフトを促し、リテラシーを植え付けるという作業は膨大な時間と労力を擁した。

そのため台数拡大には泥臭い人海戦術が必要だった、とGO事業部本部の本部長である江川絢也氏は語る。

「初めてアプリを提案、導入する際は、アプリなんて、と難色を示されることも多かった。それが去年の緊急事態宣言から、『アプリがあって助かった』という声を頂くことが増えてきました。乗務員さんはスマホではなくガラケーを使用されている方も多く、『アプリとは何か』というところからのスタートです。乗務員さんや会社の数も多いこともあり、営業担当は根気強く足を運び、乗務員の方はもちろん、運行管理の方々にも機械操作のオリエンテーション、営業所へのデモ機設置、タブレットのタッチ方法といったところまで細かくフォロー体制を敷いてきました。業界の

配車アプリはタクシーの概念を拡張させると強調する、江川氏

気質的に何より大切なのは、どんな些細なことでも人を使って足を運び、根気強くサポートを続けるという姿勢だと感じています」

タクシーの配車率の上昇については、コロナ禍による一時的なものだという見方をする人達もいた。アフターコロナの後、タクシー業界はどう移っていくのか。また、その中でアプリが果たすべき役割に変化は生じるのか。そんな問いを中島氏に投げかけた。

「タクシー産業全体という視点でみると、コロナ前のような水準に戻らない可能性も高い。今の日本において、タクシーのヘビーユーザーはごく一部なんですね。日本の国民の中で月に何回かタクシーに乗るような人は実はとても少ない。ほとんどの人が乗らないか、半年に1回とかの頻度が一般的です。仮に8割の水準までしか戻らないとすれば、もはやタクシーの概念を拡張していかないといけないし、それはタクシー単体ではできない。裾野を広げようとするなら、いくら利便性だけを追求しても広がっていきません。そう考えると、相乗りと近い将来に見込まれる自動運転時代はキーファクターになってくる」

中島氏は取材の中で、配車アプリはタクシーの価値を向上させていくツールとして機能させていくべきだ、と繰り返した。そして、業界内でもタブーとされてきた相乗りだが、逆説的に利用者の窓口を広げる可能性があると指摘する。

「これまでのタクシー利用層は、仮に相乗りや、自動運転が導入されても有人のタクシーを利用し続けるでしょう。待ち時間の少なさ、サービスの質、台数の多さ、安全性。全ての面で日本のタクシーの利便性が優れているからです。相乗りで値段が安くなるなら乗りたい、自動運転を利用したけどやっぱり不便だった、という人も出てくるかもしれない。そこで、改めてタクシーのホスピタリティや価値が見直されたとき、別の層から顧客が流れ込んでくることもあるでしょう。日本においては、電車やバスと、タクシーの利用層はくっきりと分かれています。そこでアプリは、タクシーを利用してこなかった多くの層を取り込む最初のキッカケ、入り口として機能する可能性がある。また、他にも裾野を広げる契機となりうるのが、決済方法や車種指定など、これまでにないサービス提供で満足度を高めること。配車アプリは、こういったテクノロジーの側面をカバーし、タクシーの価値向上を促す役割を担っているといえます」

東京などの大都市では自ずとタクシー業界のＩＴ化は進み、市場も拡大していくことが予測される。一方、地方都市に目を向けるとどうか。超高齢化社会を迎えた日本では、通院や買い物などを目的とした移動面でも、行政によるサービスは自ずと限界を迎える。そんな中、タクシーが足りない部分を担っていく側面もある。実際に介護タクシーの存在感は年々増しており、各施設と契約し、子供の通学や高齢者の通院といった生活の場面でインフラとして機能するタクシーも少なくない。流し営業が見込めない地方ほど、そういった年間契約が売り上げに占めるウエイトが大きく、拠り所ともなっている。

逆説的ではあるが、東南アジア諸国で「Ｇｒａｂ《グラブ》」などの配車アプリが急速に発達したのは、先進国と比較して交通インフラが整っていない地域で多く利用されたからである。中長期的にみると、地方都市、特に過疎地域へ向けたインフラとして機能していくことも必要だと、中島氏は続ける。

「都市部と地方ではビジネスモデルが異なるのが大前提です。地方では産業を超えてさまざまな資産をサスティナブルに共有し、効率化していくという視点が大切です。人口をメガシティに吸い上げられる中で街を維持し、住む人々の最低限の生活を守るためには、あらゆる産業と手を取り合いＤＸ化していくことが今後求められていくでしょう。スマホ一台あれば、通院や日々の買い物からデリバリーまで利用でき、高齢者の生活を守る手段の一つとなりうる。行政、交通や飲食、不動産や宿泊などあらゆる業者が手を取り合い、その先にはじめてスマートシティが成立する。そのことが結果的に、タクシー乗務員の方の生活を守ることにも繋がっていく。街づくりの一環として過疎地域へアプローチしていくことは、今後業界としてかなり重要になってくるでしょう」

ハイテク化が急速に進んだ結果、ドライバー達の営業方法や意識は少しずつ変わりつつあるのかもしれない。デジタル化の再加速という未来を見越し、不慣れな分野に距離を置くのではなく、うまく活用して売り上げに繋げている、という声を聞く機会も増えてきた。

その流れは大都市にとどまらず、今後は全国的に広がっていくだろう。新型コロナウイルスにより変革の時を迎えているタクシー業界において、ＩＴの存在はドライバーの〝救い〟となり、相助たりうるのか。その答えは数年後には明確な数字となって表れるのかもしれない。

第七章

年収1000万円、スーパードライバー達の仕事術

上位1%のエリート、〝スーパードライバー〟

どのような職種においても、「超一流」と呼ばれる層がいる。それはタクシードライバーも例外ではない。彼らはコロナ禍の苦境にも折れない活力を持ち、入念な下準備や経験の蓄積により、そう讃えられるまでになった。

接客、運転技術、ホスピタリティ。評価される要素はさまざまだが、同業者の間では年収1000万円が超一流の指標の一つとされる。タクシーが稼げる仕事か？ と問われると、大半の運転手は首を横に振る。業界を取材してきた筆者の感覚でも、労働時間や心労を考慮すると、イエスとは言いづらい。しかし、ほんの一握りとされるスーパードライバーは、確実に存在する。彼らは、「戦略的にやれば全然可能な数字です」と、力を込める。

運に左右されると思われがちな、タクシードライバーの収入。だが、この認識は大きな間違いだ。いわゆる「稼ぐドライバー」は緻密な計算や分析の下、コロナ禍の中でも売り上げを確保していた。外出自粛などによって全体の利用者が減っている中で、ドライバー達に格差が生じているのも現実である。より正確には、もともと稼ぐ者は売り上げを若干落としながらも高水準を保ち、売り上げが平均以下だった人は軒並み大きく数字を落としている。

１０００万円プレーヤーになるには、ある程度の前提条件が必要となる。ざっと挙げるなら、以下のようなものだ。

①東京都内を拠点としている
②法人の場合は大手４社に所属している
③複数の太客を持っている

市場が大きい東京で、チケットや提携先の多さという恩恵をフルに活かすこと。かつ、ドライバー個人で太客から指名される存在である。これらの全ての条件が揃い、はじめて土台が整ったともいえる。

「都内に限れば、個人の一部、法人の各営業所の〝エース〟と呼ばれる人たちはコロナ禍で売り上げは落ちてはいるが、かなりの数字を挙げている」

大手社の幹部はこう断言する。そして、年収８００万円を超えてくるようなドライバーは都内でも３％を切るという。年収１０００万クラスになると１％未満だ、とも。

１％の稀少なドライバー達は、どんな経緯でそう呼ばれるまでになったのか。筆者は、二人の超一流と言われるタクシードライバーに取材を重ねた。そこで浮かび上がってきたのは、緻密な戦略や精神力。何より、その強烈なパーソナリティが目を引いた。

海外VIPからじきじきに指名を受ける

東京都中野区で生まれた吉田さん（仮名・60代）がタクシードライバーになったのは、21歳のときだった。実家は豊多摩刑務所（現在は閉所。通称・旧中野刑務所）からほど近く、学生時代は地元でも筋金入りのワルとして名を馳せた。

「当時の中野はやんちゃな奴が多くて、今のようなサブカル要素が強かったり、家族連れが多い街の雰囲気とはまったく違った。『お前は将来、ここの刑務所入るだろ』と冗談で言い合っていたくらいだから」

20歳までは現代で言うところの〝不良〟として人生を歩んできた。友人達も定職につくような雰囲気はなく、暴力団の事務所に出入りするようになっていた。吉田さんも何度か連れ添い、正式な構成員にも誘われた。ただ、ヤクザの厳しい上下関係を見聞きし、自分には向いていないと悟った。理不尽な締めつけや、筋が通らないことには我慢ができない性格だったこともその理由になった。羽振りよく外車を乗り回し、美しい女性を連れて歩く友人を見ても羨ましいとは感じなかったという。周囲に流されない吉田さんの気質は、この頃から確立していたのかもしれない。

21歳で職探しを始めた際の基準は、〝とにかく稼げる仕事〟だった。タクシー業界に入ったのは、「運転が好きだったから」という程度の理由。だが、職人気質の吉田さんの性格に、思いのほかタクシードライバーは適していた。吉田さんは5社の法人を渡り歩いたあと、40歳で個人タクシーまで開業した。その道、40年以上のベテランだが本人曰く、まさかこの年齢まで続けるとは思わなかったという。その一方で、「この仕事を天職だ」とも感じている。

「1970年代なんかは、やればやるだけ稼げたから、仕事が面白くてね。それで本腰入れて仕事に向き合うようになりました。やるからには稼ぎたいし、そのための方法論はいろいろ考えてきた。今でも20代のときにつけていたノートを見返して、顧客の動向分析をするけど、実は人の動きはそんなに変わらないのよ。勉強は嫌いだったけど、仕事を学ぶことは好きでしたね。生まれてこのかた、勉強なんかしたことなくて、個人ドライバーになる際の地理試験で初めて勉強したくらい（笑）」

一般的に、タクシーの書き入れ時は深夜だとされる。吉田さんの勤務時間は早朝の5時から夕方頃までが多い。稼げると言われる時間を避けて、それだけの売り上げがある理由は、実に95％近くを固定の予約客が占めるからだ。

吉田さんのスケジュール帳には、予約客の名前で埋め尽くされている。中には一部上場企業の幹部や、有名人、海外ＶＩＰの名前が連なっていた。月一程度で利用する客は50人を超え、海外からのビジネス客も多い。吉田さんは、それだけ多くの顧客から選ばれるドライバーなのである。

固定客を掴むという方法は、業界の中では昔から実践されてきた方法でもある。しかし、実際に顧客を回すことができるドライバーはほとんどいない。個人指名を受けるためには、24時間いつ来るかわからない連絡に対応する必要があるからだ。それは物理的にも非常に困難であるといえる。だが、吉田さんはその課題を仲間に頼るという方法で解決した。

「今は15人くらい、仕事を手伝ってくれるコミュニティがある。さばききれない仕事を仲間にお願いしている。お客さんからすると、一度仕事を断ると次からは呼んでくれなくなるので。連絡も四六時中来るから、いかに効率よくお客さんを回すかということに最大限の注意を払っています」

顧客からの予約は電話やメールも多いが、利用後に次の予定を確認されることもある。

長きにわたり、月に10万円以上を利用する上客もおり、その関係性はコロナ禍でも変わらなかった。

「こんなご時世でも、いいお客さんはいるんです。例えば千葉や埼玉から慶應病院に行きたいという方。箱根や鎌倉から銀座や麻布への送迎だったり、ゴルフ旅行の貸し切りなど。みなさん2万〜4万円くらい使ってくださり、中には足代をくださる方も。そういう方々と10年近くお付き合いさせていただいた。だからその信頼を裏切らないためにも、できるかぎりの準備はしてきたつもりです」

吉田さんの客の95%は予約客だ

吉田さんは顧客満足のために、設備投資も惜しまなかった。これまで乗り継いだ車種はクラウンのセダンに始まり、クラウンのマジェスタ、セルシオ、レクサス。そして、現在のアルファードに至る。

高級ハイヤーさながらの車中ではWi-Fiの接続や、USBの利用もできる。座り心地のよいシートは別注で、空気清浄機まで完備されていた。特にアルファードに替えてから、車中がより快適になったという声も多いという。結局、トヨタの車が一番走るし最高だよ、と吉田さんは笑う。

ドライバーになった1970年代と比較すると、利用者の絶対数は減っており、単価も大幅に落ちた。そんな中でいかに単価を下げずに、効率性を上げるかを考え抜いて、現在の営業スタイルにたどり着いたという。では、肝心の顧客はどう増やしていったのか。海外客に関してはは現在、LINEとFAXで予約を受け付けており、滞在中全てのアテンドを任されることも多い。

「2015年頃からインバウンドの顧客を取り込みたいと考え、意図的に羽田空港につけるようにしたんです。その中で、海外のとある世界的ワイン企業の社長が偶然乗車して、連絡先を聞かれました。そこからビジネス関係の出張客がFAXで予約を入れてくれるようになりましたね。海外の方は大きな車を好む傾向が強いため、重宝されるのかもしれません。今思うとラッキーでしたが、最近では海外の旅行会社から直接、乗車依頼が来る機会も増えました」

国内では主に優良企業の役員以下の顧客が多い。そこには、吉田さんならではのこだわりの接客方法もあるのだという。

「一部上場企業の部長さんなどが、最もよく利用してくれる層です。役員となると送迎がつくので、そうではない部長クラスの人が接待後などに、また、その部下たちや取引先が利用してくれるようになっていきましたね。そうして、どんどん顧客は広がっていった。だから、バブルが弾けた後も、東日本大震災でも、売り上げは落ち込まず、あくせくはしなかったです。車中で気をつけていることは、会話の〝間〟を大事にすることです。聞かれたら話すけど、基本的に自分からうるさく話しかけたりはしない。偉い人を相手にして、ドライバーがでしゃばりすぎるのはよくないというのが経験で学んだことですね」

「どんな職業でも、他より突き抜ければ稼げる」

そんな吉田さんでも、固定客以外の面ではコロナウイルスの影響は強く受けているという。２０１９年春から旅行会社の依頼で、イスラエルの富裕層の送迎や買い物の付き添い、空港から富士山や日光、熱海、伊豆、箱根への旅行利用の送迎業務を請け負っていた。２０２０年、２０２１年も実現していれば、月の売り上げが２００万円にも届くことが想定されていたが、予約は全てキャンセルとなった。

「以前はほとんどなかった、朝に予約が入らないということも月に何度かは経験するようになりました。そういうときは初心に戻って、都心向けに流します。本当の都心は朝はダメだから、例えば環七から外側を6時くらいに流し、内側が7時くらい、山手通りの内側を10時くらいが目安。そのあとは行き当たりばったりで、ホテルにつけたりもして、昼までで2万円くらいでしたね。あと細かいルールとして、JRで待つことはあっても、私鉄では待たない。私鉄だと近距離の人が圧倒的に多いですから。結局、予約が入らないと、どれだけ経験があっても限界があるということなんです。顧客を持っていてガツガツいける、若くて体力がある個タクの人とかは、今でも月150万円くらいは売るから」

吉田さんはコロナ禍を機に、少しずつ仕事をセーブして生き方を変えることを意識し始めた。無類の酒好きだが、仕事柄飲むことも控えてきた。一心不乱に働いてきたこれまでとは一転し、数年後には最寄り駅でその日の飲み代を稼ぐといった、肩の力を抜いた働き方をするのも悪くないと考えている。そして少し余裕ができたら、大好きな四国を奥さんと行脚するような日々を夢見ているのだ。

別れ際に職業としてタクシードライバーを選択したことに後悔はないか、と訊ねてみた。吉田さんは少し間を置いたあと、ほとんど後悔はしていないと言い、こう続けた。

「でも、もう一回人生を歩めるなら、今度は漁師になりたい。タクシーと漁業は似ていると思うんです。工夫すれば稼げるし、そこに面白みがあるわけ。自分でおいしい魚を捕まえて、それを肴にうまいお酒を飲む。そんな人生には憧れはありますね。たぶんね、仮に別の人生があっても、勉強して進学してサラリーマンという生き方は選ばないと思う。どんな仕事でも、他よりも突き抜ければ稼げるでしょうから」

さばき切れない客はグループで対応する

タクシー業界において、一般的には法人よりも個人ドライバーのほうが稼げるとされている。特に高額の売り上げを上げるドライバーほど、この傾向は顕著となる。

理由は単純明快。法人では諸経費や保険など、売り上げから引かれる金額が多いからだ。地域や企業により多少の誤差はあるが、法人の場合は売り上げの55～60％がドライバーの収入となる。これに対し、個人の場合は60～70％程度が懐に入ってくる金額と言われている。勤務時間帯を自身の裁量で選択できる個人と比べ、法人ドライバーはある程度決められた勤務体系の中で売り上げなければならない。それで、法人のトップドライバーは効率を突き詰め、一日当たりの乗車回数を伸ばすことに注力しているわけだ。同じ年収でも、個人と法人だとその内訳やハードルも大きく異なるともいえるだろう。

東京都田無の喫茶店に現れた、業界大手のタクシー会社に勤める中山さん（仮名・50代）。彼は、2019年の年収が1000万円を超えた一握りのドライバーの一人だ。

タクシー業界に足を踏み入れたのは11年前。自身の経営する企業が倒産し、膨大に膨れ上がった借金を返すため、タクシー業界へと転職したという。そこから小規模のタクシー会社を4社渡り歩き、業界大手へと移ってきた。

「この業界で働くと決めて、最初に面接を受けたのが、最大手の某社だったんですね。当時はタクシー会社の面接で自分が落ちるわけがないと思っていたんですが、面接官に『借金はありますか』と聞かれて、正直に『あります』と答えたら、落とされました。ショックでしたが、今思うとあの悔しい経験が後に活きてきた。小さな会社からスタートしてガツガツやった結果、1年目から年収800万円を超えてきました。それからはトントン拍子に年収が上がっていった。今でこそ思いますが、法人で働く場合は大手よりも小さなところのほうがいい。理由は規則が緩いことと、多少の融通は利かせてくれるので。特に私のように前のめりで、特殊な営業スタイルのドライバーはそういえるでしょう」

一般的に法人ドライバーの営業スタイルは、街中での「流し」と、特定の場所の「付け待ち」に分類される。中山さんの営業も、六本木と銀座に特化した「付け待ち」。都内のドライバーは、売り上げが多いとされるエリアを「なか」（中央区・港区・千代田区）と呼ぶことがある。大多数のドライバーと同様に、中山さんも「なか」を中心に車を走らせている。

だが中山さんが特異なのは、この2か所に100を軽く超える固定客を持っていることだ。長距離がメインでない顧客も含めると、リストの名前の数は200にも上る。

個人もそうだが、法人ドライバーで顧客を持ち、維持することはより一層難しいとされる。個人と異なり勤務日数に縛りが生じ、予約ベースで勤務を調整できない法人ドライバーが、顧客を回し続けることは不可能に近いからだ。

もう一つは、予約を一人でさばききる術を持たないことが挙げられる。が、中山さんはいかにも泥臭い手法でこの2つの問題の解答を示した。

「2019年までの話ですが、東京の売れているドライバーだと年収800万円くらいまではいく人は結構多い。でも、その先を超えるのが本当に難しいんです。効率を考えると、法人でも顧客を持たないとプラスアルファの200万円には届かないと気づきました。今の会社は多く入れて1か月で約20日出勤（夜勤のみ）で、1か月で140万円を稼ぐためには一日約7万円が必要。この数字を週末や繁忙期で達成するのは難しくないが、常時キープとなるとハードルが高い。そこで同じように顧客を持つドライバーのコミュニティに参加したり、積極的に会いにいった。その結果、今は予約を受けて私が休みのときに仕事を手伝ってくれる仲間が20人くらいになりました。以前の同僚や、個人の方まで幅広い層です。そのメンバーの半分くらいが顧客を持っていて、お互いに回しあうので、結果的にはＷｉｎ-Ｗｉｎなんです」

このグループの他のメンバーにも話を聞いたところ、驚くことに、所属会社はほとんどが別々だった。そして、中山さんはグループ内でも顧客の数が多く、リーダーとして一目置かれる存在だという。そんな中山さんの〝営業術〟とはどのようなものなのか。

「六本木と銀座にいるとき限定ですが、9割以上の方に名刺を渡し、連絡先を交換するな

中山さんのグループは総計300人近い顧客を抱えているという

ど車中で営業をかけていますね（笑）。もちろん嫌がられる方もいますが、だいたいの人はタクシーで営業をかけられると思っていないから、案外受け入れられるんですよ。100人声をかけたら、そのうちの10％くらいがまた使ってくれて、その中でいいお客さんとして残っていただけるのが3割くらいです。今までの仕事でさんざん挫折を味わってきたので、声をかけるくらいは痛くもかゆくもないですよ」

中山さんは「営業なんて断られてからが仕事」と力強く言う。

福岡県の田舎町で生まれた中山さんの実家は、鉄工所を経営し、代々受け継がれてきた広大な農地を持つ裕福な家庭だった。県内の大学に進学するも1年と持たずに中退し、上京した。東京では歩合制の営業職を転々とした。19歳で大手清掃会社に入社し、わずか20歳で事業所トップの成績を挙げていた。その後も携帯電話のセールスやオフィス機器の販売職につくが、いずれもトップセールスマンとなっている。年収は800万円を優に超え、その勢いのままに30歳でNTTの代理店業務を行う会社を起こすが、倒産の憂き目をみた。

そんな自身の職歴を振り返り、「新規顧客を獲得することは得意だが、伸ばす能力がなかった」という。営業として酸いも甘いも経験をしたことが、現在の仕事術に繋がった面が大きい。タクシーの仕事は性に合うと話す中山さんだが、業界の風習や旧態依然とした体質には強い嫌悪感を抱いているという。これまで働いた会社では圧倒的な数字を叩き出してきたことから同僚のやっかみも受け、退社を余儀なくされたこともある。

「以前働いていた2社では、同僚から役員に『あいつは運転が荒い』『お客様からクレームがきている』『他社のドライバーと手を組んでいる』などと告げ口され、定例会や忘年会で役員から名指しでつるし上げられたりもしました。確かに私のやり方は強引だし、法人でこれをやり続けることで敵も多くなる。でもね、そんなことはどうでもいいし、結局はいくら稼げるかが勝負の世界。私も含めてですが、稼ぐドライバーは全てにおいて荒い面がある。運転も、性格もそう。効率を重視するあまり、事故を起こすこともある。でも、そんな強引なやり方だといつか限界がくるんだな、ということも強く感じています。去年くらいから、休みの日にお客様と飲みにいったりするようになり、仕事に対する考え方も変わってきました」

新型コロナウイルスの影響もあり、2020年は前年比で約20%の売り上げ減にも直面した。その他大勢のドライバーに比べるとこの減少幅はかなり小さいといえるが、やはりコロナ禍の影響は受けているのだ。そして、おそらくこれまでのような世界線に戻ることはもうない、と中山さんはみている。

「どれだけ突き詰めて頑張っても、法人だと月収で90万～100万円が天井なんです。私の場合、ほとんど乗客が途絶えることがないレベルでやってきて、一人当たりの単価も悪くない。ただ、ここがもう限界だとも思っています。人々の意識が変わり、コロナ前のような水準に戻ることはもうないでしょう。ドライバーとしてもそうですが、私の人生は〝成功できない〟というコンプレックスを補うことをモチベーションにしてきた。だから借金まみれでも、自己破産だけは意地でもしなかった。そのために家族には迷惑かけてきましたが、私の人生で救いがあるとするなら、それでも妻が黙ってついてきてくれて、離婚に至らなかったことでしょうか」

中山さんはタクシー業界に入って以降、家族と過ごす時間が増えたという。体への負担が大きい夜勤に従事しながら、今も強い意志で自身の営業スタイルを貫く。借金完済までの道のりは遠いが、2年後の個人タクシー開業のための準備を進めている。

事業に失敗したことや、タクシードライバーになったこと。全てにおいて後悔の感情は既に捨て去ったという。大抵の失敗は何とかなりますから、と冗談めいた口調で笑い飛ばした。

生まれも育ちも、仕事への向き合い方も異なる二人だが、実は共通して話したことが一つだけある。それは、稼ぐドライバーらが何を得て、何を失ったかということだ。
「タクシードライバーで稼ぐということはその分、何かを犠牲にしているということです。健康、時間、家族もそう。それでも稼がなければというメンタルが何より肝要なんです。もちろん、普通の考え方の人にお勧めはしません。もし今後タクシーで稼ぎたいという人がいるなら、自分を捨てられる人か、既に捨ててしまったという人じゃないと無理じゃないですかね」（中山さん）
スーパードライバーの生き様は、頑固なまでの力強さを内包する反面、ほんの少しの憂いも帯びていた。

第八章

ドライバー経験を基にした
ユニークな生き方

タクシードライバーから弁護士に転身した男

多種多様な生き方が許容される。

それがタクシー業界の変わらぬ不文律でもある。ドライバーになる前後の職は、医者以外なら何でもある。それがこれまで取材してきた筆者の所感だ。夢の実現のために一時的に身を置く若者もいれば、紆余曲折を経て、終の住み処として選ぶ者もいる。一方、ドライバーから弁護士に議員、外資系企業のマネージャーといった一般的にいう〝社会的地位が高い〟職業に転身した者もいる。

そんな人々の軌跡を追ってみた。

タクシードライバーから弁護士に転身を果たしたのは、射場守夫さん（55歳）だ。

現在は奈良県大和高田市で法律事務所を開設している射場さんが司法試験受験を志したのは、30歳の時だった。大分県の高校を卒業後、「親元から離れたい」一心で、何の当てもない岡山県で一人暮らしを始めた。岡山を選んだのも、「大都会は怖いから適度に栄えている町に行こう」という程度の理由だったという。

その後、宅配の運転手、ガソリンスタンド、せんべい屋などのアルバイトを転々とし、食いつないだ。仕事は全て面白かったと当時を回顧する。だが、どれも高収入と呼べるものではなかった。既に結婚し、3児の父でもあったこともあり、漠然とした将来への不安を抱えていた。家族でのドライブ帰り、ふと見上げた空の星を見て、どういうわけから突然弁護士を目指そうと決意したというのだ。

「当時は、大卒や専門資格などの肩書が大嫌いだったんです。そこに安住している人が滑稽に思えて。資格で評価されるという仕事だけはしたくなかったので、常に努力や工夫が重視される道を歩んできた。その信念の対極ともいえる弁護士資格に、あえて挑戦しても面白いんじゃないか……と雲一つない星空を見て、なぜか思ったのです」

大卒資格がない射場さんにとって、当時は司法一次試験（大卒程度の一般教養試験）から受験する必要があった。これまでの仕事をキッパリと辞め、岡山市内でタクシードライバーとして働き始めたのもこの時期に重なる。驚いたのは、尾道市の出身である妻かよ子さんも同じくして、司法試験の勉強を始めたことだ。そして共働きをしながら子育てをし、揃って合格している。射場さんが述懐する。

「私が司法試験を受けると言うと彼女も『それなら私もやりたい』と言い出しまして。彼女もパートで家計を支えながら、空いた時間は勉強。育児も協力しあいました。共倒れになるわけにはいかないので、私がフルタイムで働いてまず彼女に試験に集中してもらった。結果、妻は２０００年に合格し、私は２００３年に合格しました。彼女が先輩弁護士になったわけです。よく『大変だったでしょ』『不安はなかったの？』と聞かれますが、人生と違って答えがあるわけですから。もともと勉強は得意でしたし、答えがあるのならば合格できるだろう、と。当時は年に７００人の合格者を出していましたし、頑張ればなんとかなるだろうと（笑）。もちろん小さな子供もいる中で時間を作るのは苦労しましたが、ただの資格の勉強と割り切っていた。特別苦しかったということはないですね」

なぜ一時的にタクシー会社を選んだのかと訊ねると、座り仕事で、勉強の時間が確保できると判断したからだという。岡山では２つの勤務体系を経験している。はじめは隔日勤務で働き、月に25万円程度の収入を得ていた。だが、朝8時～翌3時までという勤務時間は勉強に適さなかったため、効率性を考慮して夜勤のみに変更した。当時は今ほど業界が高齢化しておらず、40～50代のドライバーが中心だった。それでも働いた事業所では、20代の新卒1人を除けば射場さんが2番目の若さだったという。先輩ドライバー達は、誰も詮索や干渉をしてこなかった。その雰囲気が心地よく感じた。

「『お兄ちゃん何でここに来たの？』と聞かれて、実は司法試験合格を目指してますと答えても『へー』くらいのものでしたから。基本は個人商店に近いので、勤務中でも工夫次第でいくらでも勉強ができるわけです。お客さんが乗ってない時間は講義のテープを流し、停まっている時間や休憩中は一問一答の択一問題、論文を解く。睡眠時間以外は極力勉強に充てていました。そういう意味で、タクシーを選んだことは正解だったと思います」

出雲市に引っ越しするまでの間の約5年弱、射場さんは変わらずタクシードライバーを勤めた。2003年に司法二次試験に合格するまで、日々街を走っては、猛勉強という険しい生活を続けたことになる。「起きている時はほとんど勉強していて、費やした時間は正確に覚えていない」とあっけらかんと話すが、この言葉だけでも、仕事をこなしながら弁護士という狭き門を突破することの難しさが窺い知れる。

単に法曹界への転職が成功しただけという感覚

司法試験に合格した後は、2005年から米子市の弁護士法人で働き始めた。出雲市で働く妻と法廷で争うことがないよう、1時間かけて隣県に通勤している。

長い時間を要したが、弁護士になったことでも特別感慨深いものはなかった。

「みなさんの感覚は違うかもしれませんが、私は単にタクシー業界から弁護士業界に転職したに過ぎませんから。『弁護士はすごい！　成功者だ！』と扱われることもありますが、そう思うほど恥ずかしいことはないですよ。賢そうな人が、賢そうな試験に受かって仕事をしているというだけです。そう見られないように、ずっとこだわってきたつもりです。埼玉県で行われた新規登録研修のときは、周りは東大生や有名大学を卒業した立派な人ばかり。彼らは若い頃から素直で賢いわけですよ。でもね、そうでない弁護士がいても面白いじゃないですか。確か私の年、司法一次試験からの最終合格者は3人だけでした。改めて自分の経歴に誇りを持つようになりましたね。それに外側にいた時はわからなかったけど、法曹界には、思っていたよりもいい人が多かった。それが一番の気づきでしたね」

弁護士として働き始めて6年半が経つ頃、勤めていた弁護士法人を退職。子供の成人に合わせて、出雲市からも離れた。結果的には独立という形で、２０１２年、大和高田市に自身の法律事務所を開業した。

家族と離れての奈良県への移住。ここもまた、縁もゆかりもない土地だが、その理由は射場さんの趣味と関係していた。弁護士になってからは睡眠時間を削り、朝から晩まで働き詰めだった。少しずつ仕事に慣れ、余暇を楽しむ時間ができたことで、小学校時代からの趣味である遺跡巡りに時間を使いたいと考えた。単純に遺跡が好きだから。本当にそれだけの理由で、奈良の地で事務所を開業したというのだ。

「奈良を選んだのは少し歩けばそこらじゅうに遺跡があること。それだけですね（笑）。奈良県には実に数千の遺跡があり、質、量ともに群を抜いている。死ぬまでにその全てを見たいという欲求が抑えられなかった。たぶん10年かかっても難しいでしょうが、それが今の夢です」

奈良県に拠点を移してからは、主に民事裁判で相続や借金問題など身近な事案を取り扱うことが多くなった。土地柄、高齢者からの相談も少なくない。当初の想像よりも何倍も、

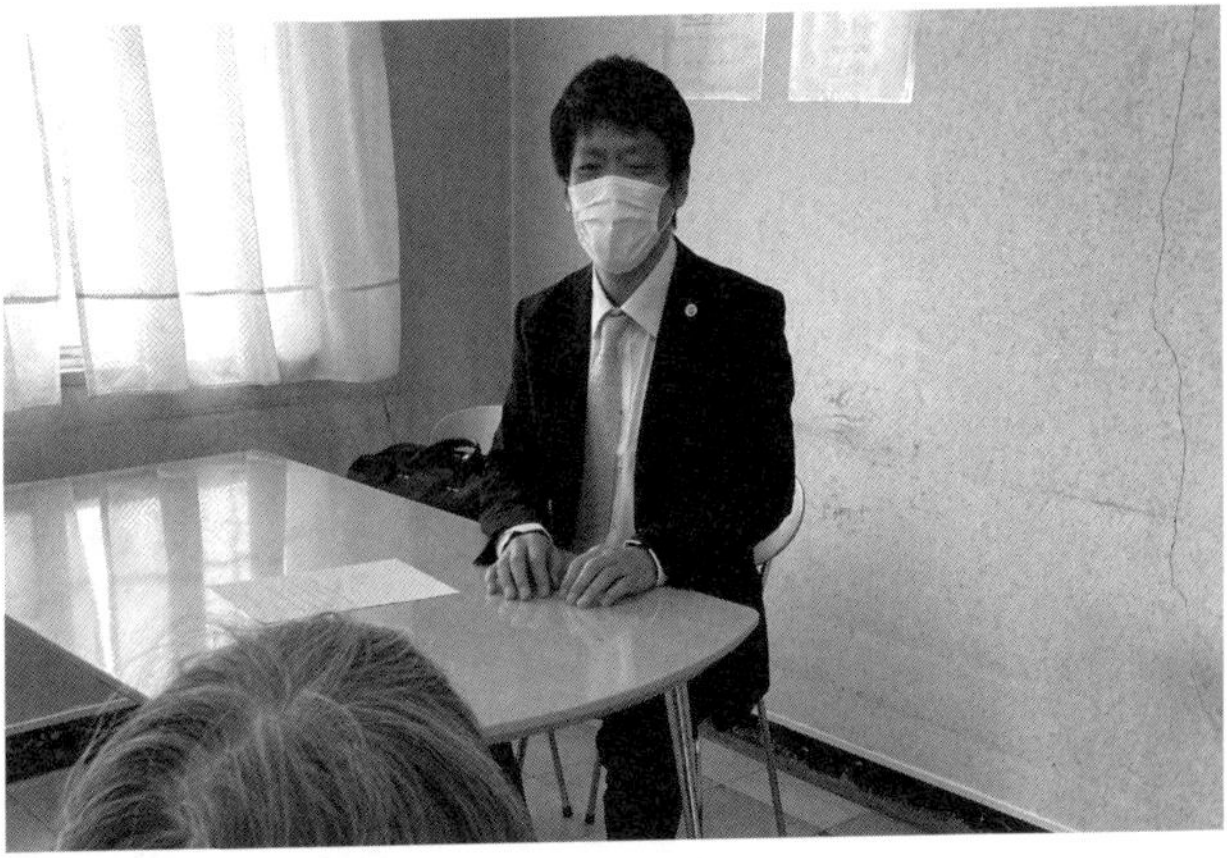

キャリアをジャンプアップしたつもりも、実感もないという射場さん

弁護士の仕事を楽しめているという。その最大の理由は、多種多様な人間模様を見ることができるからだ。その感覚を持てたのはタクシードライバーとしての経験があったからだと射場さんは続ける。

「弁護士とタクシーに共通するのは、人間の複雑さに触れる仕事ということです。世の中には本当にいろんな人がいると改めて感じます。私の根底にあるのは、サービス業に従事してきた経験。手を抜かないだけではなく、何かの付加価値をつけると人って喜ぶ生き物だと思う。その予想の斜め上をいきたいな、というのは常に考えています。そういった配慮は、タクシーの仕事をしていたからやれている部分も大きいと今は理解できる。もし仮に大学を出て、素直に弁護士になっていたとしたら、仕事に対しての意味や意義を見いだせなかったでしょうね」

事務所のモットーは、相談者と同じ目線に寄り添うことだ。コロナ禍の今でも、射場さんの事務所を訪れる相談者は減るどころか、増加の一途を辿っている。

外資系の上級職からドライバーを経て弁護士を目指す

一方、外資系企業から大手タクシー会社へと転職し、弁護士を目指しているのが森田さん（仮名・40代）だ。森田さんは3年前に京都府の有名法科大学院を修了した。現在は、司法試験受験のための準備を進めながら、ドライバーとして生計を立てている。

タクシー業界に入る前は、外資系企業を中心にＩＴ業界を転々し、エンジニアとしてキャリアを重ねてきた。直近の職歴では、アメリカに本社を置く誰もが知る外資系ＰＣメーカーのマネージャーまで上りつめた。

転機が訪れたのは、5年前。外資系特有の大量リストラで、日本法人の人員削減を本社から迫られたことだ。慣れ親しんだ同僚に対して解雇を言い渡す立場だった森田さんは、心身ともに憔悴しきってしまった。

「リストラを通告することは、一人の人生を激変させてしまう。家族がいる仲間に対して、『あなたはクビです』と伝えるわけですから。ドライな部分は十分理解していたはずでしたが、私自身がそれに耐える強さを持ち合わせていなかった。それで心のバランスが崩れてしまって……。独身でしたから、それなら私が辞めますといって早期退職制度を利用して退職しました。その退職金を元手に、法科大学院に入学したんです。将来への不安ですか？　むしろ、これでやっとやりたいことができるという開放感が勝りましたね」

森田さんは奈良県の高校を卒業後、ミュージシャンを志し上京している。独学で英語を学び、ＴＯＥＩＣも９３０点を超えるなど勉強は得意だった。だが大学で特に学びたいことがなく、当時は大学進学の意味を見いだせないでいた。

東京では、定職につかずその日暮らしの生活でもあった。忌野清志郎に憧れ、西荻窪で週１回程度ライブをしながら、プロを目指した。それでもコンサートスタッフのアルバイトで食いつなぐ生活は苦しく、21歳で音楽は諦めている。

手に職を探していたところ、ＩＴが儲かるという話を飲み屋で耳にした。時代は１９９０年代半ば。まだ一般的にＩＴ業界のエンジニアを目指す人は多くなかったため、需要はあふれていた。知人のツテをたどり、小さなＩＴ企業の派遣社員として社会人のキャリアをスタートした。そこではじめて聞く言葉ばかりで、手探りではあったが、ＰＣと向き合う作業は肌に合った。年収は３００万円ほどでも、まったく気にならなかったという。

下積み期間を終えた森田さんは、語学力を活かし当時業界最大手の外資系企業へと転職。年収は20代ながら１０００万円近くに達した。生活は激変、アメ車を乗り回し、週末には六本木や西麻布で豪遊した。だが、懐具合とは反比例して空虚な感情が年々膨らんでいった。人生について自問自答する時間も増えた。

「とにかくお金だけはありましたから。ＩＴ技術者の需要があったし、忙しくて使う時間もないからお金は貯まる一方。ただ、正社員とやっている仕事は一緒でも、僕はどこまでいっても派遣。名前を呼ばれず『派遣サン』と呼ばれることもあった。そういうふうに言われるのが悔しくて。一般的にエリートと言われる彼らの働き方に触れても、羨ましいとも思えなかった。それを契機に豊かな人生とはどんな人生か、と考えるようになりました」

激務をこなしながら、通信教育で大学にも通い始めたのもこの頃だった。大学に通い始めたことで、これまでにない知的欲求が生じ始めていた。新たな刺激を求め、環境の変化を望む自分を抑えきれなかった。

そして森田さんは高待遇のＩＴ企業を退職し、青年海外協力隊として30歳手前でジャマイカへの赴任を選択した。２年４か月という定められた期間だったが、初の海外生活は、求めていた刺激の連続だった。

「最初はジャマイカってどこ？　というレベルで。実際に住むと、銃社会ではあるけれど危険な目には遭いませんでした。ただ、協力隊としての月給はわずか４５０ドル程度。日本にいたときの15分の1くらいまで落ち込みました。だからこそ現地の人に近い目線で接することができて、発見も多かった。給料は減ったけれど、毎日がとにかく楽しくて、恋仲になった女性もいました。現地での経験で人生の優先順位が変わりました」

ジャマイカのタクシードライバーに憧れて

任期を終えた帰国後、別の外資系ＩＴ企業で派遣社員として働くが、以前のように仕事に没頭する感覚は持てなかった。数か月で退職し、首都キングストンの大学院への合格を機に、再びジャマイカを訪れていた。タクシードライバーの仕事に興味を持ったのも、このときだった。

「現地のタクシードライバーは、そこ抜けに明るくて人に対してとても親身でした。日本では機械的な対応というイメージでしたが、それが覆った。観光が資源であるジャマイカではドライバーと乗客の距離も近く、仲よくなったら街を案内したりしていて。観光客にとっては、これ以上ない生きた情報を得られるわけです。人を喜ばせるこの仕事はすばらしいと心底思いました。ジャマイカのタクシー会社を回って『働かせてほしい』と懇願したこともあります。ビザの関係上無理でしたが、ドライバーという仕事に特別な愛着を感じるきっかけになりました」

大学院は卒業に至らず、やむなく2度目の帰国を余儀なくされた。5つの会社を転々としながら、再び派遣社員として働いた。それでも、ジャマイカでの生活ほどの高揚感は得られなかった。当時は、働きながらジャマイカのガイドブックの制作や翻訳者となるなど新たな試みも行っていた。だが、本業である派遣の仕事は、どこも長続きしなかった。2000年代半ばにはＩＴ産業が急速に浸透し、技術者の数も増え、以前のような高待遇を望むのは難しくなっていた。

そんな中で、人生で唯一正社員として働いたのが先述したアメリカに本社を置く大手ＰＣメーカーだったという。面接では転職数や海外での赴任経験など、日本の基準でいえばマイナスとなりそうな経歴も、面白がられマネージャー職に採用された。

特に評価されたのは、技術者でありながら高い語学力を保有していることに加え、外国人と日本人の間に入ってクッションとなる人柄でもあった。いくら外資系でも、これだけ転職歴があるのも珍しいと森田さんは自嘲気味に笑う。ただ、自身の経歴書には5年前を最後に、新たな外資系企業の名前が増えることはなくなった。先述したリストラを機に、ＩＴ業界への未練は断ち切った。そして、人生初の退職金を元手に弁護士を目指し法科大学院へと入学している。

弁護士を目指したのも、ある種突発的なものだった。ジャマイカの大学院へ進んだかと思えば、帰国後は法科大学院への入学。その行動には一貫性がないようにも感じるが、理由をこう話す。

「他の人から見れば、あちこちと移り気に思われるでしょう。ただ、私の根底には強い学歴コンプレックスがあります。高卒だったことで、所得は高くても正社員になれなかった。それでも、外資系大手で正社員のマネージャ

森田さんは、流転の経歴には自身の学歴コンプレックスも作用していると話す

ーとして評価された。弁護士を志したのも、合格して見返してやりたいという部分があるんでしょうね。司法試験も制度が変わり、最近では合格率も上がっているので決して届かない目標ではない。今は仕事の合間や休日に勉強し、最短での合格を目指しています」

新型コロナの影響で収入が減り、生活は苦しい。それでも思い描いていたタクシードライバー像との乖離は少なかったと森田さんは話す。その一方で自身の経験と照らし合わせると、外国人観光客へのインフラや、旧態依然な業界の仕組みには疑問を呈する。

「実際に働いてみると、意外と嫌な思いをしたことがなくて。車の中という限られた特別な空間での、お客さんとの粋な会話を楽しんでいます。こんな時代でも温かい方はいらっしゃる。その反面、日本のタクシー業界は外国人に対して冷たいとは感じます。私は英語で外国人の方と接するようにしていますが、『日本のタクシードライバーに英語を話せる人がいたのか』と、驚かれますね。本当に満足されるサービスは何か、常に試行錯誤しています」

２０２０年5月に予定されていた司法試験は順延となり、８月に実施された司法試験で、森田さんは不合格となった。合格ラインからは遠く、一度は心が折れかけた。それでも翌２０２１年5月に再び挑戦している。合否はまだ明らかになっていないが、今回も感触は決してよくはない。

「言い訳じゃないんですが、生活面で考えないといけないことが多すぎましたね。収入が激減して、家賃も満足に払えず瀕死状態でしたから。正直、思うように勉強ができる環境じゃなかった。生きるためにそれどころじゃなかった面もあります」

現在は2022年の司法試験に向け、自身を奮い立たせている最中だ。「来年が本当の勝負の年になる」と森田さんは力を込める。突発的に弁護士を目指し、なぜ生活を切り詰めてまで挑戦を続けるのか。また、合格後の未来をどう思い描いているのか。

「根本にあるのは、世間に認められたいという承認欲求のようなものなんでしょうね。私の人生の中で、ここが欠けてきた部分なので。極端な話、弁護士じゃなくてもいいんですよ。世間から認められる難しい資格であれば、何だっていい。だから合格しても、私はタクシードライバーを辞めません。この仕事をしている自分が好きなんです。弁護士兼ドライバーとして、困っている方を助けられたらいい。おそらく日本初であろう本業・タクシー、副業・弁護士。そんなドライバーがいても面白いでしょう。実現すれば業界のイメージも変わるのではとも思っています」

ハンドルを持ち替え政治の道へ

２０１５年に武蔵野市の市議会議員に当選した下田大気《ひろき》（45歳）さんは、２期目を迎えた今もタクシードライバーとして時折、街を走っている。直木賞作家である志茂田景樹を父に持ち、若くして芸能活動や会社経営に乗り出した。だが、ことごとく失敗し、借金は膨大な額へと膨れ上がっていた。

人生に行き詰まった下田さんがタクシー業界の門戸を叩いたのが、32歳の時だ。当時は杉並交通で勤務し、年収８００万円を達成している。どん底の状態から、タクシー業界に入り道を開いていった。

乗務員として勤務する傍ら、空き時間が多い職種の特性を活かし、業界に特化した人材紹介会社も設立している。主に人材採用に関するコンサルタントとしても、複数の企業と契約を結び、これまで実に１０００人以上の人間をタクシー業界へと送り込んでいる。２０１４年頃からは現場での乗務機会は減ったが、議員になって以降も月に１～３日程度ドライバーとして働いている。

「コロナになる前ですが、議員になった後も一乗車当たりで8万円くらいは売っていましたよ。それが月3回となると、10万円強が手元に入ってくるので、結構大きいじゃないですか。だから収入面でいえば、タクシードライバー時代のほうが全然稼げていましたね(笑)」

議員を志したのは、地元・武蔵野市で子供の頃に遊んでいた児童館がなくなると耳にしたからだ。何とかその児童館を存続させたい。そんな公約を掲げ、当選へと至った。活動は主に地域のバスや乗り合いタクシーなど、交通インフラの改善に関わるものが中心だ。議員兼タクシードライバーだからこそ見えてくるものもあるという。

「コミュニティバスの発祥の地は、実は武蔵野市なんですよ。全国的にみても、交通のインフラは整っている地域ではあります。ただ、それでも交通弱者の方へ向けた取り組みは改善の余地がある。空白地帯にデマンド交通を走らせたいというのが今の私の想いですね。タクシーとの連携についても、いろいろ提案しています」

タクシードライバーを続ける意味は何なのだろうか。

「単純に面白いんですよ、タクシー業界は。僕みたいに、会社が死んで、タクシーやって、また復活するような大逆転もある。それって夢があることだと思いませんか。走ることで街の本当の顔がわかるし、景気も読める。人々が何を求め、何が変わっているのかという市場調査もできるわけです。自分の目で確かめて、行動に移すこと。それは今の議員活動にも活きていますね」

埼玉県坂戸市の市議を勤める宮坂裕之氏（41歳）の前職も、タクシードライバーだ。埼玉県のタクシー会社に約10年勤務した後、２０２０年4月に日本共産党から出馬し、市議に選出された。

春日部市で生まれ育った宮坂氏は、学生時代に壮絶ないじめを受けてきた過去を持つ。学生時代は、小学校から高校までずっといじめの標的とされたという。埼玉県有数の進学校である名門・春日部高校に進学しても、それは変わらなかった。

「もともと引っ込み思案で、人前に出るのが苦手で。極力自分を出さずに、人の陰に隠れているような子供でした。そういう性格だったので、いじめっ子からすれば狙いやすかったと思います。いじめを受けることで、さらに人と話せなくなるという悪循環に陥ってしまって。進学校だと違うと思いましたが、結果は同じでした。学生時代はずっと殴る、蹴るといった身体的なものではなく、陰湿なものまで暴虐のフルコースです。中2を除いて、高1までの9年間いじめに耐えてきた。何度も校舎から飛び降りて死のうと思いましたが、それだといじめっ子を付け上がらせるだけ。意地でも学校を休まなかったし、登校拒否もしなかった。それが当時の私にできた、ささやかな反抗だったんです」

次第に宮坂さんは、音楽に救いを求めるようになった。漠然と将来は音楽に携わる仕事に就くことを望むようになる。学校生活に嫌気がさしていたため、大学進学も気乗りはしなかった。だが、両親から「四大だけは出ろ」と念を押され、東洋大学文学部哲学科に進学している。大学時代はアナウンス部に所属し、部活動に打ち込んだ。だが、長くいじめを受け続けた経験は宮坂さんの記憶に深く刻まれていた。就職活動の時期に差し掛かっても、社会人でも同様の経験をするのではという恐怖が頭から離れなかったという。結果的に、就職活動はほとんど行わず、北浦和のライブハウスで非正規雇用者として働き始めた。

2年半在籍した、このライブハウスの労働環境は過酷だった。1日12時間以上の勤務は当たり前で、帰宅は深夜を回ることも珍しくなかった。体を壊し、退職を余儀なくされた。その後働いた派遣仲介会社では、粘着質な人間関係に苦労した。

「ある派遣スタッフさんが有給を取りたいと相談があったんです。それを会社に伝えたら、『派遣スタッフに有給なんかねえ』って言われたんです。法律を勉強した今ではとんでもない話であるとわかるのですが、間に入って交渉していたら、溝ができてしまって。この

下田大気氏（上）と宮坂裕之氏

頃、労働問題に関心を持つようになっていたこともあり、人のことをカネとしか見ていない社風も合わなかったですね」

もはや一般企業で働く気力は残されていなかったのかもしれない。派遣仲介会社を退職後は、アルバイトを転々とし、最低限の暮らしを保つことに視点を変えた。

嫌ならすぐに乗り換えられるという環境は、宮坂さんの活力を取り戻した。30歳になる前には、結婚を考えた女性もいたという。シングルマザーの女性と同棲し、婚姻届を出す寸前までいった。だが、二人の経済格差が別れの直接的な要因になった。彼女の稼ぎは宮坂さんよりもはるかに高い。アルバイト生活から抜け出せない宮坂さんの将来に不安を感じ、関係は終わりを告げた。恋人も住む場所も失ったことで、手っ取り早く仕事を探す必要が生じた。消去法的にタクシー業界に飛び込んだのが30歳の時だ。

市議として、ドライバーの労働問題改善に身を捧げたい

タクシードライバーとしての過去の自分を改めて評価するなら、「典型的なダメなドライバーだった」と宮坂さんは回顧する。

「もともと必要最低限の暮らしができればいいという程度の気持ちなので、稼ぐ発想がないところからのスタートでした。埼玉は基本的に流し営業がなくて、付け待ちと無線配車が主流なんですね。私が働いていた県南交通はとにかく無線配車が強くて、ガッツリ13乗務すれば十分食べていけた。稼ぐ人はかなり稼いでいましたよ。でも自分は11日しか乗らず、乗務時間も短かった。最大21時間乗るところを、平気で18時間だけで帰ったりしていた。手取りは13万円ほどで、年収にすると240万円前後でした」

数字でみると、決して稼ぐドライバーではなかった。それでも、10年間近くタクシー業界での仕事が続いたのは2つの理由があった。1つは個人商店に近い職種のため、人付き合いを無理強いされることなく、年配の先輩社員からも可愛がられたこと。仕事上がりに用事がないときは、ドライバー同士で集まり酒を飲み交わすこともあった。人生で初めて感じる和やかな雰囲気の職場で、社交性を身につけていった。

もう一つは、入社後すぐに加入した組合活動だった。自身の経験から、もともと労働問題に関心を抱いていたため、誘われるがまま軽い気持ちで加入した。タクシー業界では書類作成などが苦手な人も多く、自ら進んで広報誌や議事録などをまとめていくうちに、どんどん組合活動にのめり込んでいった。活動の一環で集会など人前で話す際は、自分でも驚くほど饒舌になった。後に県連からも声をかけられ、2018年に自交総連（全国自動車交通労働組合総連合会）埼玉地方連合会の書記長に就任している。

「振り返ると、空いている時間はずっと組合活動をしていた気がします。これまで時間の流れを遅く感じていた私の人生が、タクシー業界にいる間はあっという間に過ぎていった。一日、24時間はこんなに短かったんだと思いました」

書記長時代には、中央省庁要請行動で共産党の国会議員が役人を追及する姿と熱意に心動かされた。そんなさなかに、坂戸市市議の候補者の打診を受けたことで、2020年2月にタクシードライバーを辞した。

市議会選では、定数20人の18位で初当選を果たしている。だが、コロナで議員活動が制限されていることもあり、いまだ自分が市議である実感が湧かないという。市民にテーマを持って訴えかけるのは、交通問題と貧困についてだ。

「坂戸市は緊急事態宣言下では、市の施設などはほとんど閉鎖しています。街を歩いている人もほとんどいない。客観的にみても、かなりコロナ対策が徹底された地域だと思う。その一方で、高齢者の交通問題に関しては改善していかないといけない部分が多い。免許を返納し足がないため生活ができず、住み慣れた家を出て駅前のマンションに入居したという高齢者の方もいた。交通弱者へ向けた外出支援の仕組みは整備していく必要があります。『政治家なんて嘘ばかり』と斜に構えていた私が議員になって思うのは、政治家と市民の関係はアンプとスピーカーに似ているということ。市民の切なる声を拾い、それを拡張していく。それが市議の役目だと思う。少なくとも人並みの苦労はしてきた人生なので、弱い立場の人の気持ちに寄り添うことはできるのではと思います」

特別やりたいこともなく、目標もなかった人生が色づき始めたのは、確かにタクシー業界との出会いがきっかけだ。もしタクシーで働いていなければ、今もアルバイト生活だったかもしれないと宮坂さんは言う。

「日本社会はどことなく『逃げることはよくない』という認識があると思う。でもね、それは本当に死を考えるまで追い込まれたことがないから言えることなんですよ。世間体ばかりを気にして、手遅れになることもある。私の場合は、道が開けなくてもがき苦しんでいるところに、タクシードライバーを選択したことで、一筋の光が見えた。そんな拠り所が必要な人もいるんです。これまで、タクシーの仕事が最後の砦という方をたくさん見てきました。そういった人のためにも、この業界で働く乗務員の権利や立場を守っていかなければなりません」

今後も議員を続けていきたいか、と聞くと「何とも言えない」と言葉を濁す。それでも向き合うべき目標は明確だ。

「議員としての仕事にやる気はあるけど、野心はないかな（笑）。ただ、労働問題は一生かけて取り組んでいくでしょうし、その延長線上に議員活動があるのだと思う。あと一つ、議員になって変わったところがある。それは賞与の存在です。先日、40歳にして人生初のボーナスを貰いましたが、こんなに嬉しいものなんですね。はじめての経験なので何に使っていいか」

タクシードライバーを経由したことにより、彼らの人生航路は変わっていった。ドライバー経験が一時の波止場、もしくは終着先となった場合もある。それぞれの人生を、成功や挫折といった杓子定規に当てはめて評価することは意味をなさないのだろう。

第九章

人生を力強く切り開く女性ドライバー達

裕福な「お嬢様」がタクシーを選んだ理由

「当社は多くの女性が活躍する職場です」

こうした、定型文のような文言が並ぶ求人広告を目にすることがある。

わざわざ〝女性〟と強調することは逆差別に当たるような気もし、そんな謳い文句一つを取っても、諸外国と比べてジェンダーの意識が立ち遅れた日本社会の現実を痛感する。

これはタクシー業界でも同じだった。ここ5年ほどで、女性の雇用創出を標榜する企業は大幅に増えている。ドライバー不足が叫ばれて久しいタクシー業界において、若者や女性、外国人という採用効率が高いとはいえない分野に注力する社が出てくるのは、ある意味では自然の流れだった。

確かに一部の企業では、更衣室やパウダールームを設置するなど職場環境の充実がみられ、育児休暇や産休制度を利用する〝出戻り者〟も出てきたとも聞く。それでも、安全性の面や排他的な同業者の意識などを考慮すると、女性にとって決して働きやすい職種とはいえないだろう。その反面、収入に大きな魅力があると話す女性ドライバーも少なくない。

彼女達は、何を思い日々街を走るのか――。その実像を追っていく。

「お姉さん、なんでタクシードライバーになったの？」

高山さん（仮名・30代）にとって、乗客からこんな言葉をかけられるのは日常茶飯事だ。時代錯誤とも取られそうな発言だが、「ほぼ１００％聞かれるので、もう慣れました」と苦笑いを浮かべる。

ドライバーになって10年。現在は都内のタクシー会社に勤務している。当時と比べて、業界に入ってくる女性の数はずいぶん増えたという。

一般社団法人全国ハイヤー・タクシー連合会の調査によると、２０２０年３月末の女性乗務員数は１万１０８人で、10年前より３割増えた。１９９３年には４６００人程度だったことを考えれば、この20年弱で２倍以上と、急増していることになる。

乗務員全体に占める比率も、２０２０年３月末で３・６％と10年前の２・３％から上昇した。都道府県別にみると、東京が約１５００人。次いで神奈川が７００人を超え、北海道、福岡、愛知と続く。10年前と比較すると、東京や大阪、愛知、福岡などの大都市圏は約２倍と明確な増加傾向をみせている。

年齢層では45歳以上が全体の８割を占めるが、一方で35歳以下のドライバーも微増している。特に25歳以下は男性を合わせても１２００人を切るが、うち女性は１７１人を数える。

運転手総数に対する構成比では、富山の11・2%が最も高く、島根、新潟、山口、群馬、山形、岐阜、静岡、和歌山、岡山と続く。地方を訪れた際、感じのよい中年女性のドライバーに当たる経験をしたことがある方も多いと思うが、彼女達はいまだ健在であるという見方をしてもいいだろう。

それでも世間では「タクシー＝男性の仕事」という固定観念が根強い。少しずつ変化は生まれつつあるが、乗客の認識は以前のままだ。そのギャップに苦しむ女性ドライバーは少なくない。高山さんはこう話す。

「地方ならまだしも、これだけ仕事が選べる東京で、若めの女性ドライバーは珍しいんでしょうね。物珍しさからか、お客さんは私のことを根掘り葉掘り聞いてくるんですよ（笑）。ただ、これまでの仕事の中でも、タクシーは一番居心地がいい。それは間違いないです。向き不向きはあると思いますが、女性が活躍できるフィールドは十分にあると思います」

東京都立川市で生まれ育った高山さんは、いわゆる「お嬢様」として幼少期を過ごした。中学、高校と有名私立校に進み、両親からの愛情を受けて何不自由なく育った。だが、きらびやかな同級生たちに無理やり合わせる学校生活にストレスがたまっていった。

いじめに遭ったり、学力的な問題を抱えていたりしたわけではない。ただ、周囲からは「協調性がない」との烙印を押されたという。そんな学校生活になじむことができず、高校では不登校の寸前までいった。

「いずれは夫婦でドライバーに」

社会人になっても自身の本質は変わらなかった。高校を卒業後、地元のパチンコ店やアルバイトを転々とし、両親からは「定職に就け」と諭される日々だった。

20代前半で携帯電話会社のカスタマーセンターでオペレーターとなった。3年ほど勤めたこの職場では、役職を与えられている。自身の性格を「あっさりしているが、頼られるのは好き」と評する高山さんにとって、はじめて任された管理職は新鮮で、意欲的に仕事に打ち込んだ。信頼を得るにつれて業務量は増えていくが、昇級しても肝心の給料は上がらない。次第に人間関係にもこじれが生まれ、やりがいを見いだせなくなり、退職を決意する。実家暮らしで、金銭的に苦しくなることはなかった。それでも、何もしない日々は手持ち無沙汰で退屈だった。

父親から紹介されたタクシー会社の面接を受けにいったのは、20代半ばを迎えた頃だった。運転免許は持っていたが、ほぼペーパードライバー。まったくやる気がなかったが、あっさり採用が決まったという。

「特に何か聞かれるわけでもなく、『明日からよろしく』と。こんな緩くていいの？ と驚きました。正直、タクシー業界にいい印象を持っていなかったので、やっていけるのかな、と不安はありました。『襲われたらどうしよう』とか『酔っぱらいに絡まれたら嫌だな』とか。どこか恥ずかしいという気持ちもあった。いまだに友達にも職業を話せていないのは、そういう部分が残っていると思うんです。ところが、実際働き出してみると『何、この自由な環境。お金も稼げるし』とカルチャーショックを受けた。毎日がフレックスみたいな職場で、少なくともこれまで経験してきた仕事とは違う時間軸で動いていました」

20代で、業界未経験の女性社員という物珍しさもあったのか、先輩ドライバーたちは業界のイロハを事細かく教えてくれた。そして、乗客たちも想像の何倍も優しくしてくれた。

入社当初は道を間違えても怒られることも少なくなかったが、それでも、想像していたような理不尽な客はいなかった。6万円程度を売り上げる日も増え、次第に仕事の面白さも理解していった。

「タクシー業界にはお金が落っこちている」

先輩ドライバーから言われたこの言葉を心に刻み、3年ほどはしゃにむに働いた。気がつけば、前職と比べて収入は倍以上になっていた。12月などのピーク月は120万円ほど稼ぎ、営業所でも上位のドライバーとなるまでに多くの時間は要さなかった。

「最初は『すぐ辞めてやろう』と決めていたんですが、次第に『結構面白いな』と気持ちが変化していった。経験不足を体力とやる気でカバーできたんです。やればやるだけお金になるという業界が、性格的に合っていたのも大きかったと思いますね」

4年目を迎える頃には仕事にも慣れ、開拓していた世田谷から、新橋や丸の内といったビジネス街まで営業範囲を伸ばしていく。その一方で、一部のビジネスマンたちの横柄な態度には辟易し、過度なセクハラを受けることも増えていった。

「誰でも知っているような有名な企業の方は、私の人生で関わることがなかった人達。これまでも酔っ払いの〝おっちゃん〟達に、エロ系の話を振られて反応を見られることはありましたが、彼らはまだ可愛げがあった。一流企業の若い人達は、最初からこちらを見下していて、全てが命令口調なんです。『また呼んでやるから連絡先教えろ』とか、『俺はチケットが使える身分の男だから飲みに行こう』などと恥ずかしげもなく言ってくる。時には人権を踏みにじるようなことを言われたこともありますよ。『タクシードライバーをしているような女を、エリートの俺が手に入れられないわけがない』と思われているのは腹が立ちますよ。ネタみたいな話ですが、本当によくあることです」

それでも「100人中、95人は常識のある乗客」であると言うが、今はビジネス街には極力行かないそうだ。

「慣れてくると仕事をしなくなるのも業界の特徴」と先輩にもよく聞かされていた。日々の売り上げの浮き沈みが激しいこの業界で、緊張感を保ちながら営業を続けることは心身

男性乗客からのセクハラも後を絶たないが、だいぶ慣れたという高山さん

ともに負担が大きいからだ。高山さんも今は、タクシードライバーになりたての頃のような熱意は薄れたという。

ただし、手を抜いているわけではない。最近はメリハリをつけるようになった。というのもコロナ禍の今、どれだけ頑張っても急激に売り上げを伸ばすのは難しい。それなら、この状況を活かし、時間を有効活用しようという発想に切り替えた。

高山さんには現在、結婚を前提に同棲するパートナーがいる。相手はタクシーの仕事を始めてから出会った同業者だ。コロナ禍でお互い厳しい状況ではあるが、その分趣味に費やす時間が増えた。冬はスキー、夏は二人とも大ファンである西武ライオンズの試合観戦を楽しんでいる。消去法的ではあったがタクシー業界を選択したことで、高山さんの人生は豊かになったことも事実ではあるのだ。

「出産についても考えるようになったのですが、お互い時間に融通が利く仕事なので子育ての面では分担できる点がいいと思うんです。２０２０年の5月は、売り上げが最低保証以下のマイナスで終わり、持ち出しがあったくらい厳しい。でもその分、連れ合いとライオンズの試合に行ける時間が増えたし、昔みたいに人生に悲観することはなくなりました。それでも友達には『タクシードライバーです』とはやっぱり言えないかな。世間の見方は、結局そういうものであることも現実なので」
「まさか自分が個人タクシー事業者まで目指すとは思わなかった」と高山さんは何度も繰り返す。それでも一呼吸置くと、「でも、夫婦ドライバーというのもなかなか素敵でしょ」と笑みを浮かべる。それもまた、本心なのだろう。

ドライバーは子育てとの両立が可能な仕事

広島市内は中国地方でも有数の、流し営業が活発なエリアでもある。ロングの数は少ないが、近距離での乗車回数が多いことが特徴的だ。路面電車が市内の交通域をカバーしているが、短距離での移動はタクシーを利用する住民も少なくない。バスや路面電車とタクシーが互いを補填しあっている場所でもある。

市内のタクシー会社「つばめ交通」の代表である山内恭輔氏は、市場をこう分析する。

「広島は中国地方では特殊な地域であり、市内に限れば十分に流し営業だけで食べていけてたんですね。小さな街で距離は出ないので、客単価でいうと1200円程度。東京のおよそ半分程度です。それでも乗車回数は平均化しても30を超えてくる。背景には地下鉄がなく、大量輸送の交通輸送機関が極めて少ないこと。大都市圏と比べると鉄道網が充実していないことが挙げられます。市内全般での平均売り上げが約４万円で、ウチが約４万７０００円。地方都市としては、高い水準を保つ市場でした」

それがコロナで状況は一変した。山内氏によれば、広島交通圏全体で見ても２０１９年12月の数字が大体17億円程度であったが、２０２０年12月は９億円。全体で約半分にまで落ち込んだという。

市内有数の繁華街、流川で拾った黒田さん（仮名・40代）はタクシードライバーをしながら、単身で３人の子供を育て上げた。前職は介護職員だったが、３人を養うには薄給で、時に夜勤も伴う勤務体系は子育てに適さなかった。転職して約10年が経つが、広島には私のようなドライバーは多いですよ、と明かしてくれた。

「たぶんどこの地方でもそうでしょうが、40代以上のシングルマザーでタクシードライバーは結構多いと思います。勤務シフトを調整でき、家族での時間も持てる。親の協力ありきですが、子育てとの両立は可能です。まさに母は強し、ですよ。地方に行けば、女性で何の資格もない人間が月30万以上稼げる仕事はほとんどありませんから」

広島市内で生まれ育った黒田さんにとって、小さな頃からタクシーは身近な存在だった。

バスや路面電車もあるが、急ぎの際の近距離移動は家族でタクシーを使うことも珍しくなかった。それゆえに、タクシードライバーという仕事への抵抗も感じなかったという。熱狂的な広島カープファンである彼女にとって、タクシーの売り上げとカープの勝敗は相関関係を感じることもあるのだとか。

「広島は、カープが勝つと飲食店の売り上げが上がると言われている地域なんです。カープの試合がある日は、勝敗を肴に街でお酒を引っかける人も多い。だから、ラジオでカープの結果をチェックしながら、営業エリアを変えたりもしますね。それくらい地域に根づいた球団ですが、選手も身近な存在で、フラっとタクシーに乗ってくることもあります。これは役得ですよね（笑）」

降り際、私は生涯タクシードライバーですよ、と言い残し黒田さんは車を発進させた。

歌手の夢を叶えるためタクシー業界に飛び込む

「プロの歌手を続けるためにタクシードライバーになりました」

こう話すのは、當山りえさん（26歳）だ。

沖縄にルーツを持ち、埼玉県富士見市で育った當山さんが歌手を目指すと決意したのが、11歳の時。同世代がJ-POPやK-POPに熱を上げる中、ブラックミュージックやモータウン（レコードレーベル）の音楽を聴き漁っていた。スティービー・ワンダーに憧れ、人前で歌うことを好む子供だったという。

「小学5年生の時、『歌上手いじゃん！　プロになりなよ』とみんなに褒められたことがあったんです。その一言で、私はプロになる人間なんだと思い込んでしまって。特に疑問を持つこともなく、ひたすらその道を突き進んできました」

県内の芸術系の高校に進学後も、その想いは変わらなかった。進路相談での希望は、アメリカ留学で音楽を学ぶこと。当時、既にライブハウスに出入りし、小さい芸能プロダクションにも所属しながら、音楽活動を行っていた。

「ずっとアメリカに強い憧れがあったんです。

「ギター一本抱えて、アメリカ各地で1週間ずつ、路上や店で歌い回った」という當山さん

向こうの音楽学校に行きたいと相談をすると、事務所の社長や周りの音楽人から『学校に行って有名になった奴はいない』と反対されたんです。せっかく学校に行っても有名になれないなら行く意味もないのかな、と思ってしまい……。今となっては、あれ？　ちょっと違うなとも思っているんですけど（笑）。でも世間知らずだったので鵜呑みにして。結果、大学は行かずに、ちょっと武者修行に行ってこいと社長に言われたことで渡米したんです」

音楽はほぼ独学で学んでいたが、本場のブラックミュージックに触れたことで、情熱を加速させた。帰国後は、飲食店でのアルバイトを掛け持ちしながら、空いた時間にレッスンとライブを行った。もともとメジャーやインディーズという垣根を気にするタイプではない。自分の好きな音楽に打ち込める時間が、當山さんにとって何より充実していた。

都内を中心に活動したライブでは、５０００円を超えるチケットが完売することもあった。パワフルな声量を基盤とした、歌唱力の高さはどちらかといえば玄人受けした。２０１９年４月には、ユニットでのアルバムも発売するに至っている。それでも、コロナを機にライブハウスでの活動が困難となり、人前に出る機会は極端に減っていく。

音楽をやるためにお金も時間も必要だ、と當山さんは言う。自身の職歴を振り返ると、これまで飲食店でのバイト経験のみ。飲食店で働くことは好きだが、時間も労力もかかり決して効率がいいとはいえなかった。何よりも、レッスンや音楽活動にかける時間が限定されることが致命的な欠陥だった。ＩＴ企業を含む複数の面接を受けたが、技術や資格を持たない20代半ばの女性に対する風当たりは強かった。大半が門前払いに終わり、面接でも音楽の実績や活動について触れられることもなかった。

そんな中、知人の薦めで登録した人材紹介会社から、タクシー会社を薦められたのは２０２０年の夏だった。

「やっぱり音楽を諦めきれなかったので、面接で音楽活動を続けたいと話すと『夢があっていい。採用！』とすぐに決まりました。驚いたけど、ここで働くと面白い未来があるんじゃないか、という期待感もありました」

「一曲歌って」客のリクエストにも応える

そうして２０２０年9月にコンドルタクシー（練馬区）に入社し、10月半ばから勤務を開始した。入社前に、吉祥寺でタクシー運転手の女性が襲われて、監禁されたというニュースを目にした。女性ドライバーが乗客にひと気のないところに連れていかれ、脅されてトランクの中に閉じ込められたという事件だった。仕事に不安がなかったといえば嘘になる。それゆえに、女性ドライバーが舐められないための工夫も行った。

當山さんの髪型は左右が極端に刈り上げられている。勤務中はお団子ヘアにすることで、刈り上げ部分がむき出しとなり、なかなかの威圧感を感じさせる。乗客にもほとんど毎回「刈り上げてるね」と声をかけられる。パンチの効いた髪型ゆえに、乗客も強く関心を示し会話が繋がっていくという。

「私の場合は髪型がかなりの抑止力になっているというか（笑）。だからセクハラを受けたり、舐められるということは経験していません。深夜の長距離のお客さんには、『タクシーなんか辞めて、早く結婚したほうがいいよ』と言われたりしますが、そこには『うっさいわ』と思ったりはする。でも、嫌な思いをするのは本当にそれくらいです」

歌手活動をしていることに話が及ぶと、「一曲歌ってほしい」とリクエストを受けたこともある。そのため、勤務の際にはこっそりと歌唱リストをポケットに忍ばせている。

「タクシードライバーとして働くときも、やっぱりエンターテイナーでありたい想いが強いのかな。玉置浩二さんも、頼まれればどこでも歌うそうです。音楽は本来そういうもの。

いつ、どんな場所でも実現可能なのが本当の音楽だと思う。盛り上がってしまって、女性のお客さんとＬＩＮＥを交換して飲みにいったりもしましたね。それは私のタクシーで過ごした時間が楽しかったということにも繋がる。一人でも多くの方に、そう感じて頂けたら嬉しいですね」

當山さんと会ったのは、２０２１年頭の緊急事態宣言の発令が明けて間もない時期だった。そんな苦しい折に、営業所に張り出された彼女の営収は7万円近かった。ドライバー歴1年にも満たず、ノウハウを持たない20代の女性がここまでの数字を上げていることが、真摯に仕事に取り組んでいる何よりの証左と思えた。

これまでなかなか増えなかった貯金額は、半年間で随分と増えたという。レッスンに費やす時間も、以前と比べて格段に濃密なものとなっている。金銭的な余裕が生まれたことで、ニューヨークに渡り音楽をもう一度学びたいという気持ちが一層強くなった。

「コロナで今は動けませんが、ニューヨークに行きたいという気持ちは１００％超えです。アメリカは生活と音楽の距離がすごく近い。レストランやバーにも歌い手がいて、自分を発見してもらうチャンスがある。有名なライブハウスや大箱ではなくて、そういう環境で自分を試してみたい。そして、3か月ずつくらいの周期でいろんな国を回り、各地で歌う。

それはたぶん、私の人生にとっても得難い経験になるという期待感があるんです。路上、田舎のレストラン、タクシーの中であれ、どこでも音楽はできますから」

こだわりを持っていた信念も、以前よりほんの少し柔軟になった。

「これまではその道と決めたら、それ一本で勝負すべきと考えが凝り固まっていた。でもタクシーと出会ってから、人生の選択肢が増えて、どんな形であれ好きなことと関われることが、私にとっての幸せだと気づけました。音楽はあくまでツールであって、それを使ってどう表現するかは私の経験値により変わってくる。少し肩の力が抜けたというか、生き急がなくなった。それが一番変わったところだと思います」

取材後、當山さんの歌を収録する動画撮影に立ち会った。2分に満たない短い曲に対しても、音程のずれや音域、自身の表現に納得がいかないのか、何度も首を傾げて撮り直していた。再録が十数テイク目に及んだとき、ようやく満足がいくものができたのか、頬を緩ませた。その姿は、彼女の生き様を雄弁に物語っている気がした。

第十章

新卒ドライバー達の、とらわれのない業界観

タクシーに乗るのは、韓国留学資金を貯めるため

東京都新宿区・新大久保は多彩な表情を持つ街だ。近年の韓国人気の影響で、県外からも多くの若者が訪れる場所となり、急速な観光地化が進んだ。時世に合わせ、韓流ブームの頃にはアイドルショップが並び、「ホットク」などの食べ歩きなどを目的に、この街を訪れる若者や女性が絶えない。

徒歩圏内である歌舞伎町で働き、この街に居住する者も多い。大久保通りから路地に一つ入れば、小洒落たマンションも散見される。少し歩いていくと今度は小規模のホテル街も姿を現す。夜が更けるとホテルの前にはたどたどしい日本語の娼婦が路上に立ち、売春の誘いかけを行っている。

一般的にはコリアンタウンとしての知名度が高いが、ここ数年国際色がより豊かになり、インドやネパール、ベトナム、バングラデシュ、スリランカといったアジア圏からの移住者の増加も目立つ。人種のるつぼと化した新大久保には、イスラム横丁と呼ばれる一角にハラルフードを取り扱うショップもあり、在日外国人にとってこれほど自国の食材が入手しやすい環境は稀だろう。

もっともタクシードライバーにとっては、営業が難しいエリアでもある。新宿からほど近いこともあり、大抵の者は新宿を選ぶ。何より入り組んだ道が多く、付け待ちができるような場所も限定的なのだ。公式なタクシー乗り場はなく、大通りも車の流れが活発で乗客を拾いにくい。よほどのベテランでない限り、わざわざ好んでこの街を選ぶドライバーは多くないはずだ。

２０２０年春、緊急事態宣言が明けた日の新大久保は、韓国料理屋を目当てとした若者で「3密」の概念とは無縁と思えるほどごった返し、飲食店の外まで長蛇の列が続いていた。ガード下でタクシーを拾うと、運転席には20代と思われる小柄な女性ドライバーがいた。新大久保という地で、さらに若い女性ドライバーという組み合わせに好奇心を掻き立てられた。筆者は思わず、「珍しいですね」と声をかけてしまったが、彼女は「この街が好きなんです」と話し、こう続けた。

「大学時代に韓国語を勉強していたんです。それで、この街なら時々韓国語を話すお客さんがいて、自分の勉強になるかな、と思って。私、お金を貯めて韓国に留学したいんです」

聞けば、彼女の韓国への憧れはかなり強いものがあった。韓流アイドルにハマり、大学時代に必死に韓国語を勉強したという。就職活動も韓国語を活かした仕事を望んだが、現実の壁にぶつかった。手っ取り早くお金を稼いで、韓国へ行く。それが彼女の人生のモチベーションとなっていった。友人からは驚かれたが、新卒でタクシー会社に入ったのも、若くして稼げる仕事で、留学費用の足しにするためだ。そして、留学試験の勉強に時間を充てるという理由からだった。

「韓国に数年間住んで、将来的には韓国語で仕事ができる職種を選びたいんです。お客さんには、『こんな若い女性がなんでタクシーに』と言われたりもしますが、目標があるので全然苦にならない。むしろ、入る前に思っていたよりもずっと面白い。だって、本当にいろんな方がいて、人を見ているだけで飽きないですよ」

新型コロナの影響で売り上げが落ち、目標額まではまだ時間がかかりそうだ、と話す。それでも明るさを崩さず、少しもブレることがない語り口調から、令和の時代を生きるドライバーの価値観の変化を感じさせられた。

「タクシーは高齢者の仕事」なのか

一部のタクシー企業が新卒採用を行うようになったのは、今から10年ほど前にさかのぼる。高齢化が進むタクシー業界にあって、新卒採用で未来の幹部を育てる方向に舵を切った会社は数社ある。業界大手の日本交通、国際自動車の大手２社は、毎年１００人超の新卒採用をコンスタントに続けている。

国際自動車は２０１９年に１５１人、２０２０年に１６３人、２０２１年は１０５人を採用。これに対して日本交通は２０１９年に１４６人、２０２０年に２２６人の新卒を迎え入れている。帝都交通も毎年20人前後、上場企業である大和自動車も２０２１年には20人を超える新卒を採用している。日の丸交通もこの３年は毎年30人を超え、関西のＭＫタクシーも２０１６年に１０１人、翌年２０１７年も84人の採用に至っている（数字はいずれもリクナビ参照）。

このように、今でこそ大手タクシー会社はこぞって新卒獲得に注力するが、先駆けとなった国際自動車が２０１０年に開始した際の採用者は、わずかに１名だった。５年後に１００人を超えて以降数字を伸ばしていき、各社も追随している。だが、これは見方を変えれば、新卒採用は大都市圏の資金力ある会社に留まり、現実的にはいまだ「タクシー＝高齢者の仕事」というイメージから脱却できていないともいえる。それでも、一昔前では考えられなかったことだ。

学生にとっては数多くの選択肢がある中で、新卒でタクシー業界を選ぶのはどんな背景があるのか。留学資金を貯めたい、仮面就職浪人している、資格取得の勉強のため、趣味優先の人生を送るため……。過去にはそんな新卒ドライバーもいたが、これはあくまで一例でしかない。新世代のドライバー達の多種多様な生き方を探った。

国際自動車・三鷹営業所で勤務する西勝紀子さん（26歳）は、同社に4年前に入社した。神奈川県相模原市で育ち、建築士の資格を持つ父の影響を受け、大学では建築を専攻。建築会社の他、複数社から内定を得ていた。ラクロスに打ち込んだ学生時代はタクシー会社への就職はおろか、名前すらも挙げられないほどだったという。ところが、合同会社説明会への参加を機に、認識が一変することになる。

「複数社から内定をいただけたんですが、条件面よりも社内の雰囲気やここで働きたい、とピンとくる所がなかったんです。そんな中でたまたま国際自動車の説明会を聞いて、社員の距離の近さと温かさを感じた。いくら興味がある業種でも、職場の雰囲気に納得しないと長くは働けないので。感覚的なものですが、不思議とここで働く自分がイメージできたんですね。正直、タクシー業界のイメージはあまりよくなかったです。だから私の場合は100％、業種ではなく社風で選んだことになります」

両親からは「女性がタクシー業界で働くのは危ない」「なぜ大学まで出したのに」と猛反対を受けた。中学、高校、大学と私立に進学してきたこともあり、「タクシーで働くなら学費を返せ」とまで言われた。それでも、西勝さんは反対を押し切り入社を選択した。

そこまで言うならお金を稼いで見返してやる、と逆境を力に変えたと回顧する。

「両親は公務員で安定志向。『タクシーなんか最終就職先だろ』とも言われました。でも、学生時代でバイトをしているときから、仕事を頑張る人とそうでない人の給料が一緒というのが我慢できなかった。親に私の選択が正しかったことを証明するため、1年目から死ぬ気で頑張り、他業種の同級生の3倍以上を稼ぎました。学費を親に返済しながらです」

1年目の年収を見てからは、あれだけ反対していた両親も何も言わなくなった。

「今では応援してくれています。私はとにかく飲んだり買い物したり、遊ぶのが好きで、時間もお金もできるだけ欲しい。最初はお金を稼いだら辞めようと思っていましたが、仕事にハマってしまった。『今日はこの場所が動きそう』といった、ゲーム感覚で楽しんでいます」

国際自動車の広報担当者によれば、長期的にみると稼げるドライバーは新卒の比率が高いという。同社には新卒で採用された後、経験を積み、業界にもほんの一握りしかいない年収1000万円超のエースドライバーになった人が複数いる。

西勝さんも稼ぐドライバーの筆頭であり、コロナ前は一日平均8・5万円程度、最高で11万円を稼ぎ出していた。各社の猛者が揃う銀座エリアにも臆することなく飛び込んでいった。

「銀座エリアはベテランたちの聖域と化しており、新人が飛び込みにくい。それでもあえて狙って走っていました。女性であるとわか

自らの意思でタクシー業界に新卒で飛び込んだ、西勝さん。今や親ほど年の離れた同僚に指導する立場だ

ると乗車拒否されたり、容姿のことを言われたり、たくさん悔しい思いもしてきました。でも、それ以上に得るものが大きかった。乗車される方は社長さんや銀座で働くホステスさんが多い。普段絶対にお話しできないような会社の社長さんには、ビジネスの世界の深みについて教えていただきました」

そんな功績が評価されて、西勝さんはわずか4年で事業所の班長（リーダー）に抜擢されている。

「銀座で乗せたお客様から聞いた話は、マネジメント業務にも活きています。自分の父親よりも年上の方に指導するわけですから、当然難しい部分もあります。女性だからといって舐めるような態度をとられるようなこともあるし、『昔からこうやってきた』と凄まれると何も言えない。ただ、タクシー業界は変わるべき局面を迎えている。私たち若い世代が声を上げて、行動して変えていくという責任感も芽生え始めてきました」

以前より女性が働きやすい環境になったとはいえ、まだまだ改善してほしい点もある。例えば乗務中のトイレ問題や、男性の先輩ドライバーの意識だ。約150人いた同期の中には、結婚を機に退職した女性も出てきた。ここで仕事を頑張りたいと思う反面、このままでいいのかと思う面もある。コロナの存在が、未来のキャリアについて考える契機にもなったという。

「以前はとにかくがむしゃらに仕事をしていましたが、今はこの会社に骨を埋めるべきか迷い始めたんです。別の会社も見て視野を広げたいな、とも思うようになりました。仮に転職しても二種免許があるので、結婚して子育てが落ち着いたタイミングでも戻ってこられますから。時短勤務ならパートで働くよりも、かなり稼げる。それを許してくれるのも国際自動車の懐の深さです。世間からみるとタクシー業界の印象はよくないかもしれません。ただ、『タクシードライバー』と一括にされるのは違う。若い世代が頑張って、世間の偏見やイメージを少しでも変えていきたいとも思いますね」

同期が結婚して職場を去っていくのを見るのは複雑だ。それでも、まだまだ遊びたい盛り。遊ぶために稼ぎ、稼ぐために仕事に打ち込む。「だから、しばらくはタクシーを辞められません」と、西勝さんは決意を新たにしたように微笑んだ。

教師を目指す文学青年がドライバーになったワケ

三鷹営業所に勤務する谷治優平さん（23歳）は、コロナ禍が直撃した2020年4月に国際自動車へ入社した。３人兄弟の長男として練馬区で育ち、都内の大学へ進学。大学時代は文学を専攻し、教職を目指して教員免許を取得している。

教員試験への準備を優先したため、就職活動は４年の春から。２社のみ活動し、国際自動車から内定を得た。タクシー業界に入ったのは教員採用試験に落ちたことによる、消去法的選択だったと当時を振り返る。しかし、働くことへの切り替えは早かった。

在学中の秋頃からコツコツと研修に通い続け、１２４人の同期の中で最速で研修・地理試験を突破し、昨年６月から乗務に当たっている。当時はコロナ感染者増加の真っただ中だが、手探りで街中を走らせていた。

「普段は恵比寿や六本木、最近では麻布十番や西麻布といった場所を流しています。学生時代は文学サークルにがっつりハマり、書店でアルバイトをするなど、どちらかといえばインドア。だから東京に住みながら、華やかな場所へはほとんど行く機会がなかったんです。それが、この仕事をしてから東京という街を深く知ろうと思うようになった」

文学青年の関心を惹いたのは、フィクションの世界でしか見聞きしなかった、人間の多面性の一端に触れたことだった。

「お客様も本当にいろんな方がいて、『現実は小説より奇なり』。人間て、こんなに場面や状況で顔を使い分けることができる生き物なんだと知り、視界が広がりました（笑）。一日の水揚げ（売り上げ）は一年を通して、だいたい平均で4万円程度、緊急事態宣言下では3万円前後でした。かなり稼げる同期もいるので、数字は低いほうです。まだコツを掴めていないというか、走り慣れていない。この仕事は考えて、研究しながら動ければ稼げますが、今はそのノウハウを模索している段階です」

谷治さんがタクシー業界を選んだのは、比較的時間に融通が利くタクシー業界で教員試験の勉強時間を確保したかったことが最大の理由だ。そして、もう一つ「ジョブトレ」という社内システムが挙げられる。これは一年間ドライバーとして働き、他の部署へと早いスパンで移り経験を積ませるというものだ。この制度が導入されてから、業界で約50％と言われる新卒の3年以内の離職率が、国際自動車では30％以下になった。新卒採用者の中

「仕事でいちばんツラいのはお客様を乗せられない時間」と話す谷治さん

でも、この制度を利用して部署を移る者は多い。

谷治さんは実家暮らしで、生活に貧することはなく、どこか飄々とした印象を受けた。最速で教師を目指すなら、一年間集中して教員試験対策をする選択肢もあるのでは？　と訊ねたが、あえてその道は選ばなかったという。

「タクシーの仕事の最も魅力的な点は、空き時間が多いことです。だから乗務時間も含め、勉強をしながら働くことが可能なんです。実際、先輩方も資格取得したり、自分のやりたいことを実現するために仕事をしているという方も多い。今は新卒だから、若いからということで仕事を選ぶ時代ではないし、より多様な生き方が認められてもいい。アルバイトをしながら教師を目指すということも考えましたが、それでは社会人経験は積めないからもったいない。一方で国際自動車は、面接の際に『教師になります』と伝えても採用してくれる柔軟性があった」

教師になるという目標がブレないだけに、仕事への向き合い方にも余裕が生まれた。

「自分なりの人生設計があるから、お客様に何か言われても『こんな人もいるんだな～』でやり過ごせて、焦りや負担に繋がらないところはいいことですね。たぶん都合の良い性格なんですよ（笑）。だから仕事でストレスをため込むこともないです」

谷治さんのように目標の資格取得や職業に就くための準備期間として業界に入る人は珍しくない。司法試験を受けたい、公務員試験のため、社会保険労務士や行政書士を志すドライバーもいる。彼らに共通するのは、タクシードライバーを生涯の仕事とする気はないが、決して居心地が悪いとは感じていないということだろうか。そして、その自由さが、若い世代がタクシーを選ぶ最大の理由であるという気がしている。

「4、5年働いた後に教員試験が受かれば退社して、教師の道へ進みたい。その気持ちは今も変わりません。回り道と思われるかもしれませんが、同じ教師になるにしても社会人経験があれば、生徒への接し方も違ってくるのではと感じています。タクシードライバーとして、いろんな方と接して、見てきたということは後の人生で必ず活きてくる。そして、もっと社会を深いところで知りたいと考えるようにもなりました。もし何かのキッカケでこの業界に戻ってくることがあっても、それもまた人生かな、と思いますしね」

低くない離職率。キャリアパスの用意が急務

採ることよりも、〝残す〟ことのほうが難しいとされるのがタクシー業界の新卒採用で

もある。雇用が生まれる一方で、3年以内の離職者も多いのが現実だ。都内のタクシー会社の人事担当者がこう話す。

「年によって違いますが、一年で約3割が辞めるので、3年間に5割残ればいいほうです。会社も新卒には無線や予約を多く回したり、数年間は〝新卒特権〟を用意するので、中途よりも稼ぎやすい。しかし、できる子でも数年が経つと、この仕事を続ける意味が見えなくなるという壁にぶつかる。むしろ、第二新卒で入ってくる子のほうが続きやすい。企業側も内勤や多様なキャリアパスを用意するなど工夫はするが、一般企業のような昇進制度や昇給制度を用意することは難しくもある」

片岡さん（仮名・20代）も、地方の大学から最大手のタクシー会社に新卒で入社するが、1年と持たずに退社した。現在は都内の某飲食チェーン店で勤務する。タクシーを続けるという選択肢はなかったのか。そこには、この業界独特の管理と緩さという2つの相反する要素が関係している。

「正直に言えば、他が受からなかったので消去法で入りました。同期が多くて、仲もよく、職場の雰囲気はよかった。今思えば給料も悪くなかったし、特別何か不満があったわけではないんです。ただ、思ったよりも労務・業務管理が厳しくて息苦しさがあった。おじさんの運転手がスポーツ新聞読みながら休憩しているようなイメージでしたが、実際は細かいマニュアルが存在し、遵守が求められる。その反面、仕事内容は緩くて怒られるようなことも少ない。年を重ねてからならいいけど、今の年齢でそこに慣れてしまうのはいかがなものかと思ったのです。このまま続けても先がないと思い、キッパリ辞めました」

転職先の飲食店では、休みも減り収入も減少したという。それでも働いているという実感は今のほうが勝る。改めて、新卒というカードを切り、タクシー業界を選んだことへの後悔はないかを聞いてみた。

「それは本当にないんですよ。もし僕が一流大学を卒業し、バリバリのキャリアを目指すというなら話は別ですが、地方から東京に出てきた田舎者ですから。戻りたいとは思わないけど、思っていたよりもずっと悪くない。それが僕が見たタクシー業界のリアルでした」

タクシードライバーを続けたあとに、何が残るのか——。

新卒ドライバー達の葛藤に対する解を示すことは容易ではない。だが、少しずつだが確実に、乗務員と企業間の溝は埋まりつつある。

第十一章
外国人ドライバーは人手不足解消の希望となるか

中国、韓国以外にも多国籍化が進む

外国人のタクシードライバーは絶対数こそ少ないものの、東京では散見されるようになった。外国人向けのハイヤーではなく、観光タクシーでもない。日本人が日常利用する、流しや付け待ちをする通常のタクシーでの話だ。

都内には、外国人の積極採用を謳うタクシー会社が数社ある。例えば足立区のふじ交通では、一人のアメリカ人男性が働いている。

「家族を支えるため、転職されてウチに来ていただいた。明るく前向きな性格で、社内の雰囲気が明るくなった。今後の観光客増を見越して、語学力のある外国人ドライバーは積極採用していきたい」(同社広報)

品川区に本社を置く荏原交通には、中国や韓国、台湾国籍など、東アジア圏のドライバー達が複数在籍している。これまでも在留資格を持つ中国、韓国を中心とした東アジア圏のドライバーは東京に限らず、地方にも一部存在した。それが、現在の東京ではヨーロッパ圏や南米、アフリカなど幅広い人種がドライバーを選択する時代が訪れている。

もっとも外国人採用の場合も、特別な採用基準があるわけではない。日本人でも難しいとされる日本語での地理試験や二種免許、法令試験を合格して、はじめてドライバーへの道が開かれる。語学力を高いレベルで問われないコンビニや飲食店などの接客業のように、気軽に飛び込める業界ではなかったのだ。特定活動の就労ビザ緩和の影響を受け、全業種的に間口は確実に広がっている。それでもタクシーに限っては二種免許取得、N1（日本語能力試験の最上位）相当の語学力、大卒相当の学歴とクリアしないといけない資格も多い。現行制度ではタクシードライバーとして就労ビザで来日し、働くことは実質不可能ともいえる。それゆえに日本で働く外国人ドライバーのほぼ100％が、就労制限のない在留資格保有者に限定されているのだ。そして、就労資格を持つ外国人労働者にとっても、日本でタクシードライバーとして働くことのハードルは依然として高い。

そんな中で総勢24か国、60人以上の外国人ドライバーが在籍する（2021年2月末時点）のが東京・文京区に本社を置く日の丸交通だ。社員の顔ぶれを見渡すと、欧州、アフリカ、アジア、南米のあらゆる国の老若男女が揃う。

日の丸交通は大手4社「大日本帝国（大和自動車交通、日本交通、帝都自動車交通、国際自動車）」に次ぐ、準大手に数えられている。外国人採用に注力したのが、東京五輪開催を控えた2017年のこと。実験的にスタートさせたプロジェクトだったが、これまで

100人を超える外国人ドライバーを誕生させてきた。

日本人と比べると3か月〜半年間と長い研修期間が必要となるため、コストもかさみ、企業としてのうまみは少ない。それでも日の丸交通は「外国人採用を継続していく」と断言する。グローバル採用の担当者であり、企画者でもある大津一実氏はこう説明する。

「2015年頃から女性ドライバーの採用に注力して、在籍100人を超えた。次に力を入れたのが外国人ドライバーの採用でした。2017年はわずか6人という在籍数でしたが、現在は100人規模を目指している。応募者は採用数の倍以上いますが、在留資格や日本語力の問題でなかなか採用に至らないケースも多い。それでも、高齢化が進む乗務員、インバウンド需要増といった未来を考えると、必ず外国人の方に頼らないと回らなくなるフェーズを迎える。次の段階としてはLGBT採用も拡大し、ダイバーシティ展開を構想しています。今後は私どもと同じような企業は出てくるとみています。採用を始めてからクレームのようなものがきたこともないし、お客様の反応も概ね良好です」

企業側は未来への布石として。だが、ドライバーの視点に立つなら、なぜわざわざ敷居が高いタクシーを選択するのか。加えて、異国の地で奮闘するドライバー達は、コロナ禍の今、何を想い東京の街を走っているのだろうか——。彼らの言葉に耳を傾けた。

元ケニア代表プロボクサーが日本でタクシードライバーになるまで

世界遺産ナクル湖国立公園の存在で知られるケニアの、リフト・バレー州。同州で生まれ育ったトム・ワルインゲさん（48歳）が来日したのは、2000年にさかのぼる。プロボクサーを志し、名門・ヨネクラボクシングジム（現在は閉鎖）の門を叩いた。父であるフィリップ・ワルインゲさん（76歳）は東京、メキシコ、ミュンヘンと3度の五輪に出場したオリンピアンであり、2度メダルを獲得したケニアスポーツ界のレジェンドだった。ミュンヘンで銀メダルを獲得したのち、1973年に大阪のジムでプロへと転向を果たしている。1970年代に「ワルインゲ中山」のリングネームで活動し、4度の日本王座を防衛した名ボクサーでもあった。ジュニアフェザー級とバンダム級で2度の世界王者に挑戦し、敗れ去った姿を記憶しているオールドファンも多いのではないか。

母国の英雄の背中を見て育った少年にとって、父と同じ日本の地から世界を目指すという選択は自然な流れだったのかもしれない。幼少期から拳闘に打ち込み、ケニアのアマチュア代表選手に選出されるまでになった。しかし、ボクシング後進国ともいえるケニアでは、満足なトレーナーはおろか、十分なスパーリングの相手を探すことすら困難だった。より上を目指すなら環境を変える必要性を感じていた。悩み抜いた結果、父の軌跡を辿るかのようにボクサーとして来日する選択に至った。

日本語をほとんど話せない27歳のケニア人が、ジム住み込みでフライ級のチャンピオンを目指すという道は想像以上に過酷だった。遠く離れた故郷を飛び出てまで戦った日本のリングでは、技術も戦い方もケニアとは異なった。戦歴には黒星が増えていき、思うような結果を残せない日々が続く。自ずとボクシングへの熱量は冷めていき、グローブを置くことへと意識が向かっていった。

「日本に来てまず驚いたのは物価の高さ。ケニアで住んでいたのは街中に野生動物がいるような場所でした。ケニアと東京の大きすぎるギャップに慣れず、当初は戸惑いましたね。ボクシングだけでは稼げないから、ALT（外国語指導助手）や英会話教室などいろんなバイトして食べていた。ジムの米倉健司会長には本当にお世話になって、生活もサポートしてくれました。でも、なかなか試合ができないという葛藤もあり、ボクシングへの気持ちが次第に離れ、33歳の時に生活のために引退しました」

引退後は埼玉県、神奈川県などを転々とした。私生活では34歳の時に、埼玉の英会話教室で知り合った日本人女性と結婚している。ボクシングから離れると、英会話教室やALTの仕事で生活に困ることはなかった。しかし、漠然と何か新しいことに挑戦したいという気持ちは膨らんでいった。

タクシーの仕事に関心を持ったのは、ふと目にしたテレビ番組『YOUは何しに日本へ？』（テレビ東京）がきっかけだった。日の丸交通で働くドライバーに密着した同番組を見て、外国人でもタクシードライバーになれるのか、と心を奪われた。英語の採用ページから応募したのは、2020年春のことだ。

ケニアに存在するのは大半がプライベートタクシーで、ボッタクリも少なくなかった。それがUberアプリが浸透し、明朗な料金体系となってからは台数を増やしている。帰国のたびにその発展ぶりに驚くというが、母国と日本のタクシーのイメージは180度異なった。

流暢な日本語が印象的なワルインゲさん。それでも、地理試験や運転への慣れには時間を要している。

「地理試験、法令、二種免許の学科。表記はすべて日本語で、とにかく問題が難しかった。研修も含めると、半年くらいは勉強したから。そんな中で会社が全面的にサポートしてくれて、外国人の同僚もいろいろ助けてくれた。ドライバーのLINEグループがあって、情報共有ができたし、特にイギリス人、スイス人、フランス人の同僚は親切だった。振り返ると彼らの助けが大きかったですね」

現在ワルインゲさんの出勤は、月11日の隔日勤務だ。約4か月の研修を経て昨年8月から乗車を始めたが、新型コロナウイルスの影響もあり売り上げは芳しくない。それでも渋谷、世田谷区を中心に営業を続けており、毎日が発見の連続だ。道を覚えること、さまざまな客層への対応などやるべきことも多いが、総じてポジティブに捉えるというのも生来の性格ゆえだろう。現場で何より驚いたのが、乗客の心遣いだった。

往時のファイティングポーズをとるワルインゲさん

「必ず聞かれるのは『どこの国の人？　日本語しゃべれる？』ということですね。まだ仕事を始めて間もないことを伝えると、みなさん本当に親切にしてくれます。例えばナビを入れようとしても道を教えてくれますし、逆に英語でいろいろ話しかけられたりもしますね。ときどき欧米人を乗せることもありますが、聞かれることは日本人と同じ（笑）。顔を見るなりびっくりされて、『アフリカ人は初めて見た。珍しいね』と。でも、日本人も欧米人も大変な時期に異国で頑張っているから、とチップをくれる方が結構います。アメリカ人は1万円をくれて、なにかの冗談かと驚いたくらいで……。たぶんこれだけタクシードライバーに優しい国は日本しかないと思います」

出身地について話が及ぶと、かなりの確率で首を傾げられるという。法務省が調査する2019年度の「在留外国人統計」によれば、日本に住むアフリカ人ではナイジェリアが3121人でトップ。次いでガーナ、エジプトが2000人台となり、ケニアは788人となる（ケニアの数字は2018年度のもの）。日本で普通に生活していれば、なかなか遭遇する機会もない。それだけにタクシードライバーとして働くケニア人がいることは、小さくない驚きでもあるのだ。

ずっとタクシーの仕事を続けていくかどうかはまだ不透明だ。しかし、1年以内にはよりスムーズに業務をこなせるようになりたいと、明確な目標を持っている。来日当初はホームシックにかかったというが、ケニアにはもう3年帰っていない。日の丸交通の本社は、後楽園ホールからほど近い。自身の夢が敗れた場所でもある「聖地」を見ても、既に日常の延長線上と捉えるようになった。日本での生活に根を張ることで、母国を懐かしむ気持ちも小さくなっていった。

「日本に来て一番好きになったのはきれいな海なんですよ。特に何かするわけでもなく、海を見てボーッと過ごす時間が好きで。ケニアにも海はあるけど、ほとんど見たことがなかったので。今住んでいるところから葉山が近く、休みの日はだいたい海に出かけている。だから、都内で走っていて好きなのは有明なんです。道も広くて、すごい高層マンションがあって、海があって。私にとってはすごく東京のよさを感じられる場所です。嫌なことがあっても、海を見ると『また明日から頑張ろう』と思えるから不思議ですよね」

外国人ドライバー達の〝兄貴分〟として

日の丸交通の外国人社員の中で、最古参に当たるのがルガー・ウォルフガングさん（53

歳）だ。オーストリアのテルニッツ出身であるルガーさんが、ドライバーになったのは2018年冬。以降、多くの外国人ドライバーが慕う兄貴分的な存在でもある。

初来日は22歳の時。勤めていたオーストリアの製鉄企業の研修で、兵庫県に半年ほど滞在した。結果的にこの半年間が、ルガーさんの人生を大きく変えることになる。

「ご飯、自然、人々、街の雰囲気――。全てが好きになって、絶対に日本に住みたい、と思った」

帰国後ほどなくして退職し、新潟県の越後湯沢に移住している。越後湯沢では20年にもわたってイタリアン料理店で雇われ店長を務め、冬はスキーのインストラクター、夏は山登りのガイドなどで生計を立てた。

26歳で日本人女性と結婚し、22歳の娘を持つ父でもあるルガーさんに転機が訪れたのは3年前。妻の家庭の事情で、一家で埼玉県への転居が決まったことだ。ゼロから職探しをする中で、インターネット上の日の丸交通の募集広告が目に止まった。

「ワクワクして面白がってできること。その感覚を何より大切にして、今まで生きてきた。募集を見たファーストインプレッションで、これだ！と。すぐにメールで『よろしくお願いします』と面接の申し込みをしました」

接客業へのこだわりを捨てなかったルガーさんは、4か月に及ぶ猛勉強を経て、試験は全て一発合格を果たした。こうして、2018年11月にドライバーとしてのキャリアをスタートさせている。日本語、英語、ドイツ語を操るトリリンガルのルガーさんが、なぜタクシーを選択したのか。本人に訊ねると、毎日どこに行くかわからない変化が楽しめるから、という。どこの国から来たのか、なぜタクシードライバーになったのか。車内では、ルガーさんが聞き役に回るのではなく、質問攻めに合うことが多い。

「3年目を迎えた今でも、この仕事を面白がることができているんです。ドアが開くと『今からどこに行くの』というドキドキ感があって、毎日違うお客様と会話をする。例えば港区と上野では乗る人の層も違うし、そういう発見も新鮮で。仕事じゃないと、ここまで東京の街を知れなかった。特に葛飾などの下町が好きですね。私は外国人ということもあり、車中でいろいろ話しかけてもらえる。物珍しく見られるのも好きなんです（笑）」

ルガーさんが働き始めた2018年時点では、日の丸交通で働く外国人は20人を下回っていた。そして、タクシー業界が好景気と呼ばれていた時期にもあたる。当時と比較すると、働き方の視点や優先順位が変わってきたのも現状だ。

「2019年までは街を走らせると乗客を拾えたし、5万円以上は稼げた。今は誰もが厳しい状況ですよね。よく『外国人が働くうえで大変なことは？』と聞かれますが、ある程度の日本語が話せれば特別難しいことはない。私自身も嫌な思いをしたことはほとんどありません。ただ、より高い水準のサービスを求めるなら厳しいこともある。例えばビルを指定されても、どの降り場所がいいのか、反対側の道路でもいいか、など細かい確認がたくさんある。かといって細かすぎるのはよくないし、そのへんの加減が難しい。お客さんが減っている今だからこそ、選んでもらえるよう細部にまで気が回るようになりました」

キャリアを重ねた後は観光タクシーを担当するという未来図をルガーさんは描く。おのずとその視線は、外国人の後輩ドライバー達にも向かう。

「外国人の中で最も長いといっても、まだまだ業界では新人みたいなもんです。もっと仕事に慣れて、会社に貢献していきたい。後輩もどんどん増えているので、働きやすいようにサポートもできたらなと思っています。自

勤務しはじめて3年目だが、ルガーさんが外国人の中では最古参だ

分のペースを保ち、走り方も働き方も無理をしないこと。それがこの仕事のポイントであると最近感じるようになり、みんなにも伝えています」

ルガーさんにとって仕事はライフスタイルの一環であるが、私生活とは切り離して考えている。真面目に仕事と向き合うが、無理はせず、今は我慢の時と割り切っている面もある。たとえ売り上げが伸びなくてもしっかり休憩を取るなど、長くこの仕事を続けるための意識付けも行うようになった。そして、コロナで世風が暗い今だからこそ、乗客一人ひとりを楽しませるため、必要以上に明るく振る舞う。

「まいど、おおきに」

見送りの際には、わざと関西弁を使い笑わせるようなユーモアも意識している。

50歳を超えてもまだまだ新人で、東京でも知らない場所がたくさんある。それだけ新しい発見に出会えるチャンスがある。そう言って席を立ったルガーさんは、弾むような足取りで車両に乗り込んだ。

俳優として有名作品に多数出演

芸能人として数多の話題作に出演してきた、異色の〝兼業〟ドライバーがいる。青葉・バルビー・シン、45歳。インドのパンジャブ州に生まれ、21年前に日本に移り住んだ。身長180cm超、体重110kgの巨漢ながらもその風貌はどこかコミカルな印象すら受ける。そんな独特の雰囲気を纏うバルビーさんは、思わぬ形で芸能界へと飛び込むことになる。

来日後は職を転々としつつも、精密機械の掃除に利用するブラシの販売仲介業を起こした。もともと俳優業に関心はなかったが、2005年に友人のオーディションを偶然見学に行った際に、プロデューサーの目に留まりスカウトされた。

その後は、『テルマエ・ロマエ』『ステキな金縛り』といったヒット映画の他、日本テレビ系で放映された『あなたの番です』では、バングラデシュ人のイクバル役を熱演して存在感を放った。『モニタリング』や『ガキの使いやあらへんで！』などのバラエティ番組にも出演し、4つの企業CMにもキャスティングされている。その実績は堂々たるものだ。

俳優業が順風満帆であった一方、タクシードライバーになったのは、本業のブラシ販売が傾いたのがきっかけだった。

２０１９年1月にはグリーンキャブ（新宿区）に採用され働き始めた。だが、俳優業が多忙となり、シフトの融通が利かないことを理由に2か月で退職している。その後、２０１９年3月からコンドルタクシー（練馬区）に移り、俳優業と両立させている。

インドから日本に来て多くのギャップを感じたというが、タクシーもその一つだった。

「日本のタクシーは清潔で正確。そして、ドライバーにとっては厳しさもあります。インドにはタクシーセンターがなく、苦情等を受け付けるところがない。二種免許もないため、車さえ用意すれば誰でもなれる。だから、めちゃくちゃなタクシーも少なくない。そして人口が多いので、インフラとしてタクシーは足りていません。バスも混雑して乗れないこともあり、そういうときは大人数の乗り合いで乗車することもある。だから、車両もバン型のものが多いんです。Ｕｂｅｒが主流になり、利用者にとってはずいぶんタクシーを取り巻く環境は改善されましたが、日本と状況はまったく違います」

転職当初は偏見の目で見られることもあった。2年が経った今でも、見た目で判断され乗車拒否されることもある。何より複雑な道を記憶し、最短距離で目的地へ向かうことはかなりハードルが高かった。一時は退職も覚悟するほど落ち込み、悩まされたが、バルビーさんを引き止めたのは顧客だった。

「大半はいいお客さん。道を覚えたのも、お客様がていねいに教えてくれたおかげ。話をしていて感じたのは、どうやら日本人はインドのイメージがいいみたいだということ。『やっぱりカレー好きなの』とか『毎日何を食べているの』とか、本当に素朴な質問をされるんですが、その時間が心地いいんです」

バルビーさんにとってタクシーを選んだ理由でもあった東京五輪は、あいにく無観客での開催となった。五輪までを一段落と考えていたが、現在は年齢制限がないので長く働きたいと考えを改めた。

「たまにお客さんからも『有名な作品に出てすごいね』と褒めてもらいます。ただ、俳優業はあくまで副業。あくまでタクシーに差し支えがない範囲で続けます。今の私の職業は、どこまでいってもタクシードライバーですから」

これまで筆者が訪れた先進国や自国の労働力が少ない国では、外国人がタクシードライバーを担うケースも一般的だった。日本のような先進国にあって、自国のドライバーの絶対数が多く、過多気味だったという国は世界的にみても稀少だ。だが、現在の制度や体制のままタクシー会社を維持するためには、減り続けるドライバーに歯止めをかける意味でも、外国人労働者に頼るのも選択肢の一つになるだろう。在留資格保有者に限らず、就労ビザでタクシードライバーとなるためのハードルを下げるべきだという意見も業界内では根強い。複数のタクシー会社が集まり、管轄省庁に就労ビザ緩和のための要望書を出すという声も取材の中では聞こえてきた。

　実際に多くのタクシー会社代表は、「法的に今すぐは難しいが、可能ならすぐにでも欲しい人材。近い将来、外国人の労働力に頼るべき局面を迎える」と、心情を漏らす。他職種と同様に、タクシー業界にもより多くの外国人労働者が流入する時代が訪れることは、もはや抗えない流れでもある。そのとき、先駆者たちの存在は、後進の導きとなっていくはずだ。

「私がインド人だと知ると、『遠いところから大変だね。苦労もあるだろうけど頑張って』と心から応援してくれた人もいました」と言うバルビーさん

あとがき

『ナイト・オン・ザ・プラネット』という映画がある。

1991年に制作された同作は、ジム・ジャームッシュが5つの都市でのタクシー物語をオムニバス形式で紡いだものだ。いかにもジャームッシュ〝らしい〟作風で、ミニシアター系の走りとなり人気を博したが、鑑賞後、本編の内容が見事なまでに記憶から抜け落ちていた。ふと十数年ぶりに見返すことにしたが、若き日のウィノナ・ライダーの演技以外は特段何か感情に訴えてくるものではなかった。だが、ヘルシンキを舞台に撮られた5つ目の物語は、少し印象が異なった。

三人の労働者風の男を乗せたタクシーは、この日職を失い、酩酊状態の男の身の上話を中心に展開される。寡黙なタクシードライバーはその話に耳を傾けるが、突然「そんなことは不幸ではない」と自身のより深刻な事情を車中で語り始める。そのあまりの内容に絶句した乗客は、涙を浮かべながら明日への活力とするというものだ。

だが、現実のタクシードライバーで、これほど滑らかに自身のことを話す者はまずいない。それが1年強にわたり、タクシー業界を取材して感じた私の所感である。中には例外もあるが、おおよそは自身の過去を振り返ることを嫌う。脛に傷を持つもの、さまざまな理由でタクシーに流れついた者。その背景を考えれば当然ではあるが、一昔前のように、「陽気で」「豪快な」いわばステレオタイプなドライバーはもはや絶滅危惧種となった。

追い打ちをかけるように、このコロナ禍である。

「タクシードライバーの運転が酷くて不快な思いをした」

「タクシードライバーは底辺の仕事」

「現実的にタクシーの仕事は稼げるわけない」

幸いなことに東洋経済オンラインでの連載は、全てＹａｈｏｏ！の主要ニュースに掲載されたが、ドライバーを中傷するような辛辣なコメントも目立った。新型コロナウイルスの蔓延により、タクシードライバーという人種は社会的弱者となり、ストレスを抱えた人々の攻撃の矛先となった。病める社会から標的とされ、もともと重い彼らの口は、ますます閉ざされていくようになった。

本来であれば匿名での人物描写は書き手として心苦しい面もあるが、名前や経歴などは必ず伏せてほしいと念を押されることもあった。それは、コロナ禍を生きる彼らが現場で身につけた自己防衛の手段だったのかもしれない。

「私達はね、もはやパブリックエナミーですから」と自嘲するドライバーもいた。むしろ大多数がそこに該当したと言ってもいい。それだけに一部の実名、顔出しのドライバーに対しては一層の感謝を改めて述べたい。

正直に言えば、何のあてもない状態から始めたタクシー業界の取材は、想像の何倍も困難なものとなった。複雑な利権が絡み合い、第三者が安易に足を踏み入れるべき業態ではないと感じたこともある。企業取材にしてもポジティブな側面を強調され、泣く泣く掲載を見送ったものも少なくない。だがその反面、あけっぴろげにタクシー業界の抱える問題を吐き出し、変えていこうと行動に移す者もいた。本書が、そんな熱量を持ち活動する人を知るきっかけとなるなら、著者としてこれ以上幸せなことはない。

利用者から取材者へと立場が変わり、改めて感じたのは日本のタクシーは世界有数のホスピタリティがあるということだ。手前味噌にはなるが、私はこれまで40か国以上の国を訪れ、その全ての国でタクシーを利用してきた。例えば利用者評価ランキングで世界一とも称されるロンドンのタクシーで、露骨な人種差別を受けたこともある。ロシア・ウラジオストクでは「メーターという概念がない」と嘘をつかれ猛抗議したこともある。だがこれらは可愛いもので、ブラジルでは、銃撃により窓ガラスが一枚もなくなった車両で移動を余儀なくされ、パラグアイでは違う目的地に連れていかれ、計画的な強盗に遭ったこともある。インドではどういうわけか目的地ではなく、ドライバーの家に連れていかれたこともあった。キューバやフランスでは比較的トラブルがない国として印象に残っているが、通常の倍近い料金をふっかけられたりもした。旅行先のスパイスとしては悪くない経験だが、日常となると煩わしさが勝る。

コロナが本格化する前の２０２０年初頭、フィリピンのセブ島を訪れた。10年ぶりの再訪となったが、以前はタクシーを拾い、交渉することへのストレスが大きい場所でもあった。ところが、その変貌ぶりは著しいものがあった。国や州からの規制が厳しくなったこともあるが、配車アプリ「Ｇｒａｂ」の普及により、所定の料金で安全な移動が可能となっていた。現地住民ですら多発していた乗車トラブルは激減し、ＩＴ化により快適に利用できる交通手段となっていた。これはフィリピンに限らず、東南アジア圏全般で起きている、近年の傾向であるともいえた。

それでも日本のように安全かつ、時間的な確実性も保証され、決まった料金で利用できるタクシーは世界でもほとんど見当たらない。特にここ10年で一昔前のような、自由気ままなドライバーはマイノリティとなり、細部まで決められたマニュアルを遵守することで、よりホスピタリティは向上した。悪く言えば個性を排除し、均一化されつつあるが、接客レベルの平均値が上がっていることは間違いないだろう。

しかし、物事に過剰に反応する人々が目立つ現代社会においては、タクシードライバーはいつ何時《なんどき》もタクシーセンターへのクレームを恐れ、コロナ禍では見えない第三者の鬱憤を晴らす捌け口となった。その気苦労の深さに対して、ほんの少しでも想像力を働かせようという視点や人情味が欠けているのは悲しい限りだ。

本書の担当編集者である扶桑社の安英玉さんには遅筆のため多大な迷惑をかけたが、根気強く励ましの声をかけて頂き、編集作業に付き合って頂いたことに感謝を述べたい。

また東洋経済オンライン編集部の初代担当の菊地悠人さん、2代目担当の猪澤顕明さん、現担当の中島順一郎さん、吉川明日香編集長にも改めて感謝の意を捧げたい。

特に菊地氏とは、人形町での居酒屋での会話の中で、「コロナ禍の今をタクシードライバーの視点で、リアルに描くのは面白い。どこもやってないのでやりましょう」と即決で連載に至った経緯がある。何気ないやり取りが、漠然とした関心の対象でしかなかったタクシー業界に対し、取材を始めるきっかけとなった。結果的に、陽が当たりにくい業界の表裏を、影響力がある媒体で多くの読者に届けられたことは意義があったと思っている。

また、ノンフィクション作家であり、びわこ成蹊スポーツ大学教授の城島充氏には下積み時代から長年ご指導を頂いた。同氏の存在がなければ、この仕事を続けられていなかったはずだ。

そして何より、多くの紹介を繋いで頂いたタクシー業界の皆様の存在があって、本著の出版に至ったことも記しておきたい。文中では一部敬称を省略し、発言もあえて本人の言葉に近いまま残しているものも多い。そのほうがよりタクシー業界の温度感や時代に対する捉え方が伝わると判断したからだ。

掲載量の兼ね合いもあり、兵庫に広島、千葉、埼玉や東北地方の執筆は見送った。地方へ向かうほど、コロナの被害はより深刻なものであり、また別の機会で伝えていきたい。ワクチンが行き届き、仮に感染者が減少しても、おそらくタクシーが活気を取り戻す未来は幾分先になるだろう。現場の乗務員ほど、厳しい見解を持っている。

一方で私は、部外者ながらこうも思う。新型コロナウイルスという未曽有の感染症は、タクシー業界を蝕んだと同時に、転換の機を与えた。自動運転時代、相乗りの解禁、ドライバーの人材難。今後直面するであろう、さまざまな問題を克服するため、変化を拒んできた業界に対する試練のようなものではないかと。そして、この危機を乗り越えることで業界は真正の強さを帯びていくだろう。そんな期待と願望を込めることで、結びとしたい。

２０２１年６月吉日

【参考書籍】

『潜入ルポ　東京タクシー運転手』著者・矢貫隆　文春新書
『タクシードライバーほど面白い商売はない』著者・中嶋浩　東洋経済新報社
『タクシー王子、東京を往く。』著者・川鍋一朗　文藝春秋
『東京タクシードライバー』著者・山田清機　朝日新聞出版社
『タクシードライバー日誌』著者・梁石日　ちくま文庫
『タクシー運転手になって人生大逆転！』著者・下田大気　角川ＳＳＣ新書
『タイヤ以外、何に触れても事故である』著者・神子田健博　ダイヤモンド社
『ｋｍはなぜ大卒新卒タクシードライバーにこだわるのか』編著・蟹瀬誠一　ダイヤモンド社

【引用・参考文献】

東京交通新聞、帝国データバンク、センターニュース、一般社団法人全国ハイヤー・タクシー連合会ＨＰ、関東運輸局ＨＰ、成田国際空港株式会社ＨＰ、日本空港ビルディング株式会社ＨＰ、一般社団法人東京ハイヤー・タクシー協会ＨＰ、名古屋タクシー協会ＨＰ、大阪タクシー協会ＨＰ、神奈川県タクシー協会ＨＰ、一般社団法人全国個人タクシー協会ＨＰ、厚生労働省・国土交通省ＨＰ、「ＴＡＸＩ　ＴＯＤＡＹ　ｉｎ　Ｊａｐａｎ２０２０」、「タクシー業界の動向と今後の方向性」（三井住友銀行・コーポレート・アドバイザリー本部作成）。

その他、ＮＨＫニュース、テレビ東京、ＴＢＳニュース、共同通信、時事通信、朝日新聞、読売新聞、東京新聞、山陽新聞、リクナビ、日経ビジネス、東洋経済オンライン、週刊文春の映像、紙面、ならびにｗｅｂ版を参照

栗田シメイ（くりた しめい）

ノンフィクションライター。1987年、兵庫県生まれ。広告代理店勤務、ノンフィクション作家への師事、週刊誌記者などを経てフリーランスに。スポーツや政治、経済、事件、海外情勢などを幅広く取材する。『週刊現代』、『FRIADY』、『週刊プレイボーイ』、『週刊SPA!』などの一般週刊誌から、『Number』『Sportiva』といったスポーツ専門誌に寄稿。『PRESIDENT』や『現代ビジネス』などのビジネス媒体でも執筆し、東洋経済オンラインにて『流転タクシー』を連載中。『甲子園を目指せ！ 進学校野球部の飽くなき挑戦』（辰巳出版）など、構成を手がけた本も多数。南米・欧州・アジア・中東など世界40カ国以上で取材を重ねている。

扶桑社新書 407

コロナ禍を生き抜く
タクシー業界サバイバル

発行日 2021年9月1日　初版第1刷発行

著　　者………栗田シメイ
発 行 者………久保田 榮一
発 行 所………株式会社 扶桑社
〒105-8070
東京都港区芝浦1-1-1 浜松町ビルディング
電話 03-6368-8875（編集）
　　 03-6368-8891（郵便室）
www.fusosha.co.jp

D　T　P………Office Maple
印刷・製本………株式会社 廣済堂

Printed in Japan　ISBN 978-4-594-08830-9